Bärlauch
und Rucola

AUTORIN: REGINA FREYGANG | FOTOS: MAIKE JESSEN

Praxistipps

- 5 Warenkunde – Es grünt so grün…
- 6 Tipps zum Einkaufen und Verarbeiten
- 7 Tipps zur Aufbewahrung
- 64 Feines mit Kräutern – Pesto, Senf & Co.

Umschlagklappe hinten:
Drei kräuterfrische Drinks
Grünes selber ziehen!

Extra

Umschlagklappe vorne:
Die 10 GU-Erfolgstipps – mit der Gelinggarantie für eine leckere Kräuterküche

- 60 Register
- 62 Impressum

Rezepte

8 Vorspeisen und Snacks

9	Bärlauch-Joghurt-Aioli mit Gemüsesticks	15	Brioche-Brötchen
10	Cranberry-Kresse-Müsli	15	Bärlauch-Schnecken
10	Erdbeer-Melonen-Salat	16	Dreierlei Kräuter-Crostini
12	Hähnchenspread	19	Brotzeit-Aufstrich
12	Bärlauch-Speck-Datteln	19	Bärlauch-Kresse-Obatzter
13	Rucola-Parmesan-Nocken	20	Sauerampfersuppe
13	Ziegenkäse-Kugeln	20	Bärlauch-Flädle-Suppe

22 Salate

- 23 Bunter Salat mit Bärlauch-Vinaigrette
- 24 Spätzle-Weißwurst-Salat
- 24 Grüner Nudelsalat
- 27 Spargelsalat mit Bärlauch
- 27 Rhabarber-Rucola-Salat
- 28 Brotsalat mit Rucola, Pilzen und Tomaten
- 30 Kartoffelsalat mit Karamellgemüse und Speck
- 30 Löwenzahnsalat mit Nüssen und Salami

32 Fleisch und Fisch

- 33 Rucola-Kürbis-Pfanne mit Hähnchen
- 34 Lamm in Zitronensauce
- 34 Gefüllte Putenröllchen
- 37 Rindersteaks mit Kresse-Hollandaise
- 39 Bärlauch-Buletten
- 39 Kräuter-Hähnchenbrust
- 40 Sauerampfer-Cidre-Kaninchen
- 43 Mediterraner Rollbraten mit Käsepolenta
- 45 Schweinefilets mit Champignon-Bärlauch-Kruste
- 46 Forelle in Bärlauch-Mandel-Hülle
- 46 Fischfilet mit Kräuter-Frischkäse-Kruste
- 48 Tomatenfisch mit Rucolasahne
- 48 Lachsnudeln in Gemüse-Kräuter-Rahm

50 Vegetarisches

- 51 Sauerampfer-Bärlauch-Püree
- 53 Bärlauch-Spargel-Risotto
- 53 Bunte Couscous-Pfanne
- 55 Bärlauch-Tomaten-Lasagne
- 56 Sesamkartoffeln mit Curry-Möhren-Dip
- 57 Rucola-Kresse-Quark
- 57 Bärlauch-Guacamole
- 58 Bärlauch-Tomaten-Tarte

Es grünt so grün …

Bärlauch Seinen kräftigen Knoblauchduft kann man im Frühling in Wäldern, Parks und Gärten riechen. Oft schon ab März wächst der nahe Verwandte des Knoblauchs dort üppig an schattigen, feuchten Plätzen. Seine sattgrünen aromatischen Blätter schmecken am besten, bevor die Pflanze im Mai/Juni zu blühen beginnt. Aber Vorsicht beim Sammeln: Die Blätter können mit den giftigen, neutral riechenden Maiglöckchen und Herbstzeitlosen verwechselt werden. Tipp: Immer die Nase entscheiden lassen oder beim Gemüsehändler kaufen! Bärlauch schmeckt roh und gegart sehr lecker. Für empfindliche Esser den Bärlauch vor dem Verzehr andünsten – so wird er bekömmlicher.

Rucola In Deutschland sagt man Rauke, in Italien Rucola – doch gemeint ist immer die gleiche Pflanze. Die fein gezackten Blättchen werden zu den Salaten gezählt und haben einen kräftig nussigen Geschmack. Rucola gibt Pasta, Pizzen, Salaten und Snacks erst den richtigen Aromakick. Verwendung: Rucola verliert seinen Geschmack durch zu langes Erhitzen. Darum: Am besten roh verarbeiten oder zum Schluss unter die heißen Speisen heben. Saison: Rucola ist ganzjährig bei uns erhältlich. Im Frühling und Sommer kommt er frisch vom Feld oder selbst gezogen aus dem eigenen Garten.

Sauerampfer Er gibt der berühmten Frankfurter grünen Soße ihren typischen fein säuerlichen Geschmack. Am besten nur die zarten jungen Blättchen verwenden, denn je älter die Pflanze wird, desto bitterer der Geschmack. Sauerampfer ist auch für die warme Küche geeignet, z. B. für Suppen, Saucen oder gedünstet als Gemüse. Tipp für Sammler: Sauerampfer wächst besonders gut auf feuchten Wiesen.

Löwenzahn Unsere französischen Nachbarn schätzen Löwenzahn schon lange als Delikatesse. Wer selbst sammeln möchte, sollte junge, zarte Blättchen wählen. Die Kultursorten haben einen geringeren Bitterstoffgehalt als der gewöhnliche Wiesen-Löwenzahn. Im Winter wird gelber, gebleichter Löwenzahn im Handel angeboten. Er wächst, ähnlich wie Chicorée, ohne Licht heran und hat deshalb einen besonders milden Geschmack. Aufgepasst: Der milchige Saft hinterlässt Flecken auf Händen und Kleidung!

Gartenkresse Die kleinblättrige Gartenkresse bekommt man das ganze Jahr auf kleinen Beeten im Handel angeboten. Man kann sie aber auch ganz einfach selbst ziehen. Sie hat einen würzigen, angenehm scharfen Geschmack. Möglichst roh verwenden oder nur kurz erhitzen.

Brunnenkresse Brunnenkresse ist die Diva unter den Kressesorten. Sie gedeiht nur in der Nähe von klaren fließenden Gewässern und ist daher schwer selbst zu ziehen. Ihr kräftiger, scharfer Geschmack erinnert etwas an Rettich. Brunnenkresse bekommt man von März bis Juni und im Herbst im Handel. Tipp: Die größeren Blätter sind am aromatischsten.

Kapuzinerkresse Bei der Kapuzinerkresse sind auch die hübschen Blüten essbar. Daher eignet sie sich sehr gut zum Dekorieren von Speisen. Die zarten Blättchen schmecken am besten – schön pfeffrig. Die würzige Kresse gibt es beim Gemüsehändler und in gut sortierten Supermärkten.

Tipps zum Einkaufen und Verarbeiten

Einkaufen und sammeln

Ob aus Wald, Wiese, dem eigenen Garten oder vom Fensterbrett geerntet – frisch schmecken Kräuter am besten! Hier sind Frühaufsteher klar im Vorteil: Der Morgen, nachdem der Tau getrocknet ist, ist die beste Zeit zum Ernten. Dann sind die Pflanzen voller Saft. Die Pflanzenteile vorsichtig mit einer Schere abschneiden, nicht reißen oder rupfen. Die gesammelten Kräuter am besten in luftigen Körben oder Stoffbeuteln transportieren, so bleibt das Aroma gut erhalten. Gängige Kräutersorten bekommen Sie auch in guter Qualität auf Wochen- und in Supermärkten. Größere Mengen sollte man vorbestellen. Achten Sie beim Kauf auf sattgrüne, knackige und duftende Blätter. Ware mit gelblichen Verfärbungen und trockenen Schnittstellen an den Stielen besser liegen lassen und sich nach einem anderen Gemüsehändler umsehen.

Vorbereiten und verarbeiten

Zuerst die Kräuter unter fließendem kaltem Wasser kurz abspülen. Bei größeren Mengen die Küchenspüle oder eine Schüssel mit kaltem Wasser füllen und die Kräuter darin kurz schwenken. Zur Weiterverarbeitung die Kräuter sorgfältig abtrocknen, so kommt ihr Geschmack richtig zur Geltung. Größere Mengen lassen sich prima in der Salatschleuder trocknen. Kleinere Mengen kann man problemlos mit Küchenpapier trockentupfen.

Wichtig: Kräuter erst kurz vor ihrer Verwendung hacken, sonst verlieren sie Geschmack! Dafür zuerst die härteren Stiele entfernen. Dann die Blätter mit einem scharfen Kochmesser oder einem Wiegemesser zügig hacken. Zum Wiegemesser gehört ein praktisches Wiegebrett, so rutschen die Kräuter immer wieder an den richtigen Ort. Ein Blitzhacker zerkleinert robuste Blättchen im Nu – prima für Rucola, Sauerampfer und Brunnenkresse. Das Gerät sollte sich leicht reinigen lassen, sonst geht's mit dem Messer schneller! Ob ein Kunststoff-, Holz-, Glas- oder Marmorbrett benutzt werden soll, ist dem Koch überlassen. Es sollte nur groß genug sein, damit alles an seinem Platz bleibt. Kleine Mengen Kräuter am besten mit der Schere schneiden – das spart Abwasch. Bei Gartenkresse ist die Schere immer die erste Wahl.

KRÄUTERSTECKBRIEF

Tipps zur Aufbewahrung

Aufbewahren Falls Sie die Kräuter nicht gleich verwenden oder noch etwas übrig haben: Am besten locker in einen großen Gefrierbeutel mit einigen Spritzern kaltem Wasser geben und unterhalb der Blätter mit einem Gummiband verschließen – so dass die Stiele unten herausschauen. Das Ganze in ein Gefäß mit wenig Wasser stellen und im Kühlschrank aufbewahren. So bleiben die Kräuter zwei bis drei Tage frisch. Robustere Pflanzen wie Rucola, Sauerampfer und Löwenzahn überstehen luftig in ein feuchtes Geschirrtuch gewickelt einige Tage unbeschadet im Kühlschrank.

Aufbewahren

Für den Vorrat

Für den Vorrat Bärlauch lässt sich prima einfrieren. Die sauberen, fein gehackten Blätter portionsweise im Eiswürfelbereiter einfrieren und nach Bedarf entnehmen.

Bärlauchpüree

Bärlauchpüree
100 g Bärlauch putzen, waschen und abtrocknen. Grob hacken und fein pürieren. Mit 100 ml neutralem Öl langsam verrühren. Mit Salz und Pfeffer abschmecken. In Schraubgläser füllen und kühl aufbewahren. Oder portionsweise in Eiswürfelbereiter geben und einfrieren. Toll zum Würzen von Saucen, Suppen, Ragouts und Eintöpfen.

Vorspeisen und Snacks

Frisches Grün wohin man blickt – wer hat da nicht Lust die duftenden Kräuter sofort zu verarbeiten? Unkomplizierte Snacks und Vorspeisen sind am besten geeignet den schnellen Hunger nach dem knackfrischen Grünzeug zu stillen – und mit einer Extraportion Joghurt passt diese Sauce perfekt zu knackigem Frühlingsgemüse.

Bärlauch-Joghurt-Aioli mit Gemüsesticks

2 frische Eigelbe (zimmerwarm)
Salz | frisch gemahlener Pfeffer
1 EL frisch gepresster Limettensaft
200 ml Olivenöl (zimmerwarm)
2 EL Vollmilch-Joghurt
50 g Bärlauch
3 mittelgroße Möhren
1 Kohlrabi (ca. 300 g)
½ Salatgurke
1 Bund Radieschen

Für 4 Personen | 25 Min. Zubereitung
Pro Portion ca. 545 kcal, 5 g EW, 54 g F, 10 g KH

1 Die Eigelbe, 1 Msp. Salz und Pfeffer in einem Rührbecher mit dem Handrührgerät ca. 1 Min. auf höchster Stufe schaumig schlagen. Limettensaft unterrühren. Dann unter ständigem Rühren das Öl zuerst tröpfchenweise zugeben. Wenn die Masse beginnt dicklich zu werden, das Öl in einem dünnen gleichmäßigen Strahl zugießen.

2 Joghurt zügig unter die fertige Aioli rühren und mit Salz und Pfeffer abschmecken. Bärlauch waschen, trocknen und putzen, sehr fein hacken und unterrühren. Dann nochmals abschmecken und bis zum Servieren kühl stellen.

3 Das Gemüse waschen, putzen, bzw. schälen. Möhren, Kohlrabi und Gurke in längliche Stücke schneiden. Gemüse und Aioli anrichten. Dazu schmecken Brotchips.

TIPP
Ist die Aioli zu dick geworden, einfach etwas Essig oder Zitronensaft unterrühren, das macht sie wieder geschmeidig.

VORSPEISEN UND SNACKS

Power-Frühstück | lässt sich vorbereiten

Cranberry-Kresse-Müsli

4 EL blütenzarte Haferflocken
2 EL getrocknete Cranberries
2 rotschalige Äpfel (z. B. Boskop)
1 TL frisch gepresster Zitronensaft
2–3 EL Ahornsirup (ersatzweise flüssiger Honig)
125 g Vollmilch-Joghurt
1 Päckchen Bourbon-Vanillezucker
100 g Schlagsahne
2 EL Mandelstifte
1 Beet Kresse

Für 4 Personen
20 Min. Zubereitung | 12 Std. Quellen
Pro Portion ca. 265 kcal, 5 g EW, 13 g F, 32 g KH

1 Die Haferflocken und Cranberries in ca. ⅛ kaltes Wasser einrühren. Zugedeckt über Nacht im Kühlschrank quellen lassen.

2 Die Äpfel waschen, vierteln und entkernen. Dann grob reiben und unter die Haferflocken rühren. Zitronensaft, Ahornsirup, Joghurt und Vanillezucker unterrühren. Die Schlagsahne steif schlagen und unterheben.

3 Die Mandelstifte in einer Pfanne ohne Fett goldbraun rösten. Herausnehmen und etwas abkühlen lassen. Kresse abschneiden. Müsli in Schälchen verteilen. Mit Kresse und Mandeln garnieren.

AUSTAUSCH-TIPP

Statt Mandeln eignen sich auch Pinienkerne, Haseloder Walnüsse. Mit einer Extraportion klein geschnittenem Obst (z. B. Trauben, Bananen, Mangos) ist das Müsli auch prima als leichtes Mittagessen fürs Büro geeignet.

raffiniert | macht was her

Erdbeer-Melonen-Salat

1 Bio-Orange
1 Stück frischer Ingwer (ca. 3 cm)
1–2 EL flüssiger Honig
1 TL Zitronensaft
500 g Erdbeeren
½ Melone (z. B. Honig- oder Charentaismelone)
50 g Sauerampfer
50 g Physalis (Kapstachelbeeren), nach Belieben

Für 4 Personen
25 Min. Zubereitung | 30 Min. Ziehen
Pro Portion ca. 125 kcal, 2 g EW, 1 g F, 27 g KH

1 Orange waschen und trockenreiben und mit Zestenreißer (oder Küchenreibe) feine Streifen abziehen. Ingwer dünn schälen und sehr fein hacken. Orangensaft auspressen. Honig, Zitronen- und Orangensaft, Orangenzesten und Ingwer unter Rühren aufkochen. Vom Herd nehmen und abkühlen lassen.

2 Erdbeeren waschen, putzen und halbieren oder vierteln. Melone entkernen und mit einem Kugelausstecher kleine Kugeln ausstechen oder die Melone schälen und das Fruchtfleisch würfeln. Sauerampfer waschen, trockentupfen, putzen und in feine Streifen schneiden. Sauerampfer zur Vinaigrette geben und mit den Erdbeeren und Melone mischen. Ca. 30 Min. im Kühlschrank ziehen lassen. Erdbeer-Melonen-Salat anrichten und nach Belieben mit Kapstachelbeeren verzieren.

TIPP

Mit einer Kugel Zitronensorbet und ein paar Cantuccini (ital. Mandelkekse) ist dieser Salat ein herrlich erfrischendes Sommerdessert für Gäste.

prima für Sandwiches

Hähnchenspread

1 mittelgroße Möhre | 1 Frühlingszwiebel | 350 ml Geflügelbrühe | 125 g Hähnchenbrustfilet | 1 EL Öl | Salz | 5 EL Salatcreme | 1 gestrichener TL Curry | 50 g Bärlauch

Für 4 Personen | 30 Min. Zubereitung (ohne Auskühlzeit)
Pro Portion ca. 130 kcal, 9 g EW, 9 g F, 4 KH

1 Möhre schälen, waschen und fein würfeln. Frühlingszwiebel putzen, waschen und fein würfeln. Brühe in einem kleinen Topf aufkochen, das Hähnchenbrustfilet darin bei milder Hitze ca. 20 Min. pochieren. Herausnehmen und auskühlen lassen. Brühe zur Seite stellen.

2 Öl erhitzen. Möhre und Zwiebel darin 5 Min. dünsten, mit Salz würzen und abkühlen lassen. Salatcreme mit Salz und Curry würzen. Fleisch in feine Würfel schneiden. Bärlauch putzen, waschen, trockentupfen und hacken. Gemüse, Fleisch, Bärlauch und 2–3 EL Brühe unter die Currycreme rühren.

spanischer Klassiker neu aufgelegt

Bärlauch-Speck-Datteln

24 Mandeln | 100 g Bärlauch | 12 Scheiben Frühstücksspeck (Bacon) | 24 getrocknete, entkernte Datteln

Für 4 Personen | 35 Min. Zubereitung
Pro Portion ca. 360 kcal, 13 g EW, 20 g F, 32 g KH

1 Die Mandeln in einer Pfanne ohne Fett unter Rühren goldbraun rösten. Herausnehmen und etwas abkühlen lassen. Backofen auf 200° vorheizen.

2 Inzwischen Bärlauch waschen, putzen und ca. 24 Blätter trockentupfen. Die Speckscheiben quer halbieren. Je 1 Dattel mit einer Mandel füllen und mit je einem Blatt Bärlauch und einer halben Scheibe Speck umwickeln. Dabei Bärlauchblätter evtl. einmal längs falten. Mit Holzspießchen feststecken.

3 Die Speckdatteln auf einem mit Backpapier ausgelegten Backblech im Ofen (Mitte, Umluft 180°) 10–12 Min. goldbraun braten, dabei einmal wenden.

gästefein | lässt sich vorbereiten

Rucola-Parmesan-Nocken

1 Schalotte | 1 Knoblauchzehe | 2 EL Olivenöl | 100 g Rucola | 250 g Ricotta | 100 g frisch geriebener Parmesan | Salz | frisch gemahlener Pfeffer | 18 Scheiben Roastbeef-Aufschnitt (ca. 400 g)

Für 6 Personen
20 Min. Zubereitung | 30 Min. Kühlen
Pro Portion ca. 265 kcal, 27 g EW, 17 g F, 2 g KH

1 Schalotte und Knoblauch schälen, beides sehr fein hacken und im heißen Oilvenöl kurz andünsten. Vom Herd nehmen, abkühlen lassen. Inzwischen Rucola waschen, trockentupfen, verlesen, einige Blättchen beiseite legen, den Rest fein hacken. Ricotta glatt rühren. Mit Schalottenmischung, Parmesan und Rucola mischen, salzen und pfeffern und zugedeckt ca. 30 Min. kühl stellen.

2 Roastbeef auf einer großen Platte anrichten. Mit zwei angefeuchteten Teelöffeln aus der Masse ca. 18 kleine Nocken abstechen und auf das Roastbeef setzen. Mit Pfeffer und Rucolablättchen garnieren.

... grüner wird's nicht ...

Ziegenkäse-Kugeln

150 g Ziegenfrischkäse | 100 g Doppelrahmfrischkäse | Salz | 1 Prise edelsüßes Paprikapulver | 1 kleine rote Paprikaschote | 2 Frühlingszwiebeln | je 50 g Bärlauch und Rucola | 100 g Kirschtomaten

Für 6 Personen | 40 Min. Zubereitung
Pro Portion ca. 130 kcal, 7 g EW, 10 g F, 2 g KH

1 Frischkäse miteinander verrühren und mit Salz und Paprikapulver würzen. Paprika putzen, vierteln, entkernen, waschen und fein würfeln. Frühlingszwiebeln waschen, in Ringe schneiden und mit Paprika unter die Käse-Masse rühren. Mit Salz abschmecken und kühl stellen.

2 Bärlauch und Rucola waschen, trockentupfen und putzen. Beides fein hacken und auf einem großen flachen Teller mischen. Frischkäse zu 12 Kugeln formen, in der Mischung wenden, dabei Kräuter leicht andrücken. Die Kugeln kalt stellen. Vor dem Servieren die Tomaten waschen und mit den Käsekugeln anrichten.

VORSPEISEN UND SNACKS

schmecken warm und kalt
Brioche-Brötchen

100 g Butter | 8 EL Milch
250 g Mehl | 1 TL Trockenhefe
1 Ei | 1 Prise Zucker
Salz
1 mittelgroße rote Zwiebel
50 g Bärlauch

Für 8 Stück
🕐 40 Min. Zubereitung | 30–40 Min. Gehen
Pro Stück ca. 210 kcal, 4 g EW, 11 g F, 23 g KH

1 Die Butter bei kleiner Hitze zerlassen. Milch unterrühren, Mischung vom Herd nehmen und lauwarm abkühlen lassen.

2 Das Mehl und die Hefe in einer Schüssel mischen. Ei, Zucker, 1 gestrichenen TL Salz und Buttermischung zugeben und alles zu einem glatten Teig verkneten. Den Teig zugedeckt 30–40 Min. an einem warmen Ort gehen lassen, bis sich sein Volumen ungefähr verdoppelt hat.

3 Backofen auf 200° vorheizen. Die Zwiebel schälen und sehr fein würfeln. Bärlauch waschen, abtrocknen, putzen und fein hacken. Zwiebel und Bärlauch unter den Teig kneten. Teig in 8 Stücke teilen und jeweils zu runden Brötchen formen. Auf ein mit Backpapier ausgelegtes Backblech setzen und im Ofen (Mitte, Umluft 180°) ca. 20 Min. goldbraun backen. Dazu schmeckt gesalzene Butter.

VORRATS-TIPP
Bereiten Sie einfach die doppelte Menge Brötchen zu und frieren Sie den Rest ein. Dann ca. 10 Min. bei 200° (Mitte, Umluft 180°) im Ofen aufbacken.

prima zu Wein und Bier
Bärlauch-Schnecken

450 g TK-Blätterteig
80 g Bärlauch
50 g geriebener Gouda
1 Ei (Größe L)
4 EL Ketchup
Salz | frisch gemahlener Pfeffer
Mehl für die Arbeitsfläche

Für 4 Personen (ca. 24 Stück)
🕐 40 Min. Zubereitung
Pro Portion ca. 540 kcal, 11 g EW, 37 g F, 41 g KH

1 Blätterteigscheiben nebeneinander auf einer bemehlten Arbeitsfläche auftauen lassen. Bärlauch waschen, trockentupfen, putzen und fein hacken. Gouda, Bärlauch, Ei und Ketchup verrühren, mit Salz und Pfeffer würzen. Backofen auf 200° vorheizen.

2 Blätterteigscheiben übereinander legen und auf einer leicht bemehlten Arbeitsfläche zu einem Quadrat (ca. 35 x 35 cm) ausrollen. Masse auf der Blätterteigplatte verstreichen. Platte fest aufrollen und in 24 Scheiben schneiden. Schnecken auf zwei mit Backpapier belegten Backblechen verteilen und im Ofen (Mitte, Umluft 180°) 15–20 Min. backen. Kurz abkühlen lassen und lauwarm servieren.

VORRATS-TIPP
Die Schnecken lassen sich super einfrieren. Dann nur noch im heißen Ofen bei 200° (Umluft 180°) ca. 8 Min. aufbacken und lauwarm servieren.

oben: Brioche-Brötchen | unten: Bärlauch-Schnecken

für jeden etwas dabei

Dreierlei Kräuter-Crostini

Die kleinen Brote sind aus der italienischen Küche gar nicht mehr wegzudenken. Und auch bei uns haben sie Karriere gemacht! Kein Wunder, denn sie sind schnell zubereitet, vielseitig und schmecken einfach zu jeder Gelegenheit.

1 Dose Thunfisch in Öl (185 g Abtropfgewicht)
1 EL eingelegter grüner Pfeffer (aus dem Glas)
25 g Bärlauch
10 EL Olivenöl
Saft und Schale von ½ Bio-Zitrone
Salz | 150 g Kirschtomaten
2 Schalotten
2 TL weißer Aceto balsamico
frisch gemahlener Pfeffer
25 g Rucola
150 g Austernpilze
2 Knoblauchzehen
getrockneter Thymian
1 TL flüssiger Honig
25 g Sauerampfer
12 Scheiben Ciabattabrot
geriebener Parmesan, Bärlauch und Sauerampfer zum Garnieren

Für 4 Personen | 40 Min. Zubereitung
Pro Portion ca. 540 kcal, 20 g EW, 29 g F, 50 g KH

1 Den Thunfisch abtropfen lassen. Pfeffer fein hacken. Bärlauch waschen, trocknen, putzen und hacken. Zusammen mit 1–2 EL Olivenöl, Zitronensaft und Zitronenschale vermengen und die Masse mit Salz abschmecken.

2 Die Tomaten waschen und halbieren. Die Schalotten schälen und in Streifen schneiden. 2 EL Olivenöl erhitzen und die Schalotten darin kurz andünsten. Tomaten zugeben und alles 3 Min. schmoren lassen. Mit Essig ablöschen, aufkochen und mit Salz und Pfeffer würzen. Tomatengemüse abkühlen lassen. Rucola waschen, trockentupfen, verlesen und grob hacken. Rucola mit dem Tomatengemüse mischen.

3 Die Pilze putzen und in kleine Stücke schneiden. Knoblauch schälen und in dünne Scheiben schneiden. 2 EL Öl erhitzen und die Pilze darin scharf anbraten. Knoblauch zugeben und unter Rühren kurz mitbraten. Alles mit Salz, Pfeffer und 1 Msp. getrocknetem Thymian würzen. Honig unterrühren, vom Herd nehmen und etwas abkühlen lassen.

4 Sauerampfer waschen, trockentupfen, putzen und in feine Streifen schneiden. Pilze mit dem Sauerampfer vermengen, mit Salz und Pfeffer abschmecken. Brotscheiben mit 4 EL Olivenöl beträufeln und im Ofen bei 200° (Mitte, Umluft 180°) hellbraun rösten.

5 Brote herausnehmen, mit Thunfisch-, Tomaten- und Pilzmasse belegen. Auf die Tomatenbrote etwas Parmesan verteilen. Thunfischbrote mit Bärlauch, Pilzbrote mit Sauerampfer garnieren.

VORSPEISEN UND SNACKS

herzhaft | ganz einfach

Brotzeit-Aufstrich

50 g geräucherter, durchwachsener Speck
1–2 EL Öl
50 g Bärlauch
50 g Rucola
200 g Doppelrahmfrischkäse
2–3 EL Schmand
1 EL süßer Senf
Salz | frisch gemahlener Pfeffer
2 EL Sonnenblumenkerne

Für 4 Personen | 20 Min. Zubereitung
Pro Portion ca. 340 kcal, 7 g EW, 34 g F, 3 g KH

1 Den Speck von der Schwarte befreien und in kleine Würfel schneiden. Das Öl in einer Pfanne erhitzen. Den Speck darin unter Rühren knusprig auslassen. Vom Herd nehmen und abkühlen lassen.

2 Bärlauch und Rucola waschen, abtrocknen und putzen. Beides grob hacken. Frischkäse, Schmand und Senf glatt rühren. Den Speck samt Fett, Bärlauch und Rucola unterrühren. Den Aufstrich mit Salz und Pfeffer abschmecken und kühl stellen.

3 Die Sonnenblumenkerne in einer Pfanne ohne Fett goldbraun rösten. Vom Herd nehmen, auskühlen lassen und den Aufstrich mit Sonnenblumenkernen bestreut servieren.

UND DAZU?
Ein kräftiges Krustenbrot oder Roggenbaguette ist als Unterlage zu dem würzigen Aufstrich die erste Wahl.

vegetarisch | besonders

Bärlauch-Kresse-Obatzter

1 kleiner rotschaliger Apfel (z. B. Boskop)
50 ml Apfelsaft
250 g reifer Camembert
50 g weiche Butter
Salz | frisch gemahlener Pfeffer
edelsüßes Paprikapulver
50 g Bärlauch | 2 Frühlingszwiebeln
1 Beet Kresse | etwas Zitronensaft
Radieschen und Apfelspalten zum Garnieren

Für 4 Personen | 35 Min. Zubereitung
Pro Portion ca. 300 kcal, 14 g EW, 24 g F, 6 g KH

1 Apfel waschen, vierteln, entkernen und fein würfeln. Zusammen mit dem Apfelsaft aufkochen, 1 Min. köcheln lassen. Vom Herd nehmen und die Würfel auf einem Sieb abtropfen und abkühlen lassen.

2 Den Camembert fein würfeln. Kräftig mit der Butter verrühren. Apfelwürfel unterrühren und mit Salz, Pfeffer und Paprikapulver würzen.

3 Den Bärlauch waschen, abtrocknen, putzen, fein hacken und unterrühren. Den Obatzten kalt stellen. Die Frühlingszwiebeln waschen, putzen und in feine Ringe schneiden. Kresse vom Beet schneiden. Frühlingszwiebeln und Kresse unterrühren und den Obatzten mit Zitronensaft abschmecken und mit Radieschen und Apfelspalten garnieren.

MITNEHM-TIPP
4 Laugenstangen längs halbieren und mit dem Obatzten bestreichen, Deckel wieder daraufsetzen und quer halbieren. In Servietten oder Pergamentpapier wickeln und mit Küchengarn zusammen binden.

oben: Bärlauch-Kresse-Obatzter | unten: Brotzeit-Aufstrich

VORSPEISEN UND SNACKS

deftig | für den großen Hunger

Sauerampfersuppe

300 g mehlig kochende Kartoffeln
600 g Lauch
4 EL Sonnenblumenöl
1,2 l heiße Fleischbrühe
1 Scheibe Toastbrot
300 g gemischtes Hackfleisch
Salz | frisch gemahlener Pfeffer
frisch geriebene Muskatnuss
150 g Sauerampfer
1 Prise Zucker | 3 EL Schlagsahne

Für 4 Personen | 45 Min. Zubereitung
Pro Portion ca. 440 kcal, 22 g EW, 31 g F, 18 g KH

1 Kartoffeln schälen, waschen und würfeln. Den Lauch putzen, waschen und in feine Ringe schneiden. Beides in 2 EL heißem Öl 2 Min. andünsten. Mit heißer Brühe ablöschen, aufkochen und offen bei mittlerer Hitze ca. 20 Min. kochen lassen.

2 Das Toastbrot kurz in Wasser einweichen, ausdrücken und mit Hackfleisch, Salz, Pfeffer und Muskat gut verkneten. Zu walnussgroßen Bällchen formen und in 2 EL heißem Öl rundherum in ca. 5 Min. goldbraun braten. Beiseite stellen. Die Suppe vom Herd nehmen und fein pürieren.

3 Sauerampfer waschen, verlesen, grob hacken. 2 EL zur Seite stellen. Ca. 100 ml Suppe abnehmen und mit dem Sauerampfer pürieren und in die heiße Suppe rühren. Suppe mit Salz, Pfeffer, Muskat und Zucker abschmecken. Sahne unterrühren. Klößchen in die heiße Suppe geben und darin erhitzen. Suppe mit restlichem Sauerampfer garnieren. Dazu schmeckt frisches Krustenbrot.

was Feines vorweg

Bärlauch-Flädle-Suppe

1 l Gemüsebrühe
1 Lorbeerblatt
3 weiße Pfefferkörner
2 Stiele Thymian
2 Möhren
2 Eier | 2 EL Milch
Salz | frisch gemahlener weißer Pfeffer
50 g Bärlauch
1–2 EL Sonnenblumenöl
Gartenkresse zum Garnieren

Für 4 Personen | 30 Min. Zubereitung
Pro Portion ca. 130 kcal, 5 g EW, 10 g F, 4 g KH

1 Die Brühe mit Lorbeer, Pfeffer und Thymian aufkochen und offen bei kleiner Hitze 5 Min. köcheln lassen.

2 Möhren schälen, fein würfeln. Eier und Milch verquirlen, mit Salz und Pfeffer würzen. Bärlauch waschen, trockentupfen, putzen und fein hacken. Eiermilch und Bärlauch verrühren. Öl in einer großen beschichteten Pfanne erhitzen und die Eiermilch hineingeben. Bei schwacher Hitze langsam stocken lassen. Omelett in der Pfanne etwas abkühlen lassen, dann aufrollen.

3 Die Suppe durch ein feines Sieb in einen Topf gießen. Aufkochen und die Möhrenwürfel hineingeben, nochmal 5 Min. köcheln. Omelettrolle aus der Pfanne nehmen und in dünne Streifen (Flädle) schneiden. Suppe mit Salz und Pfeffer abschmecken und anrichten. Bärlauchflädle in die heiße Suppe geben. Mit Kresse garnieren. Dazu schmecken knusprige Crissinistangen.

Salate

... wenn die Tage wieder wärmer werden, haben schwere Gerichte ausgedient – knackiges Grün muss her! Und das geht am besten mit frischen Salaten satt – ob klassisch, trendy oder wie bei Mutti – mit diesen Rezepten ist gute Laune angesagt!

Bunter Salat mit Bärlauch-Vinaigrette

1 kleiner Lollo bianco
250 g Brunnenkresse
100 g Löwenzahn
1 kleiner Kohlrabi
1 gelbe Paprikaschote
25 g Bärlauch
4 EL Weißweinessig
1–2 EL Worcestersauce (ersatzweise Sojasauce)
Salz | frisch gemahlener Pfeffer
1 TL Zucker | 5 EL Rapsöl
250 g Mozzarella
Kapuzinerkresseblüten und kleine Bärlauchblätter zum Garnieren

Für 4 Personen | 35 Min. Zubereitung
Pro Portion ca. 330 kcal, 16 g EW, 26 g F, 8 g KH

1 Salate waschen, putzen und trockenschleudern. Kohlrabi schälen, vierteln und in dünne Scheiben hobeln. Paprika putzen, waschen und entkernen. Paprika in dünne Ringe schneiden.

2 Bärlauch waschen, trockentupfen und putzen. Bärlauch sehr fein hacken. Essig, Worcestersauce, 2 EL heißes Wasser, Salz, Pfeffer und Zucker verrühren. Bärlauch unterheben, Öl kräftig unterrühren. Vinaigrette abschmecken.

3 Mozzarella in Würfel schneiden. Alle Zutaten vorsichtig mit der Vinaigrette mischen. Salat anrichten und mit Kapuzinerkresseblüten und Bärlauch garnieren. Dazu schmeckt knuspriges Baguette.

SALATE

bayrisch deftig
Spätzle-Weißwurst-Salat

250 g Spätzlenudeln | Salz
250 g Weißwürste (ersatzweise Rostbratwürstchen, Wiener Würstchen)
1 große Zwiebel
2–3 EL Weißweinessig
100 ml Gemüsebrühe | 1–2 EL süßer Senf
frisch gemahlener schwarzer Pfeffer
4 EL Sonnenblumenöl
1 große Möhre
1 Bund Radieschen
125 g Brunnenkresse

Für 4 Personen
35 Min. Zubereitung
Pro Portion ca. 540 kcal, 17 g EW, 31 g F, 48 g KH

1 Spätzle in reichlich kochendem Salzwasser nach Packungsanweisung garen. Wasser in einem zweiten Topf aufkochen und vom Herd ziehen. Weißwürste in ca. 7 Min. darin warm werden lassen.

2 Zwiebel schälen und fein würfeln. Mit Essig, Brühe und Senf verrühren. Salzen und pfeffern und Öl unterrühren. Möhre schälen und grob raspeln. Mit der Senfsauce in einer großen Schüssel mischen.

3 Spätzle abgießen und abtropfen lassen. Dann mit der Sauce und der Möhre verrühren. Etwas abkühlen lassen. Würste aus dem Wasser nehmen und etwas abkühlen lassen, häuten, in dünne Scheiben schneiden und unter die Spätzle heben.

4 Radieschen putzen, waschen und in Spalten schneiden. Brunnenkresse waschen, trockentupfen und putzen. Salat abschmecken, Radieschen und Brunnenkresse unterheben und sofort servieren.

vegetarisch | kräuterfrisch
Grüner Nudelsalat

200 g Nudeln (z. B. Spirelli) | Salz
100 g TK-Erbsen | 2 Eier (Größe M)
1 Bund Frühlingszwiebeln
1 grüne Paprikaschote | 2 EL Olivenöl
frisch gemahlener weißer Pfeffer
½ Salatgurke | 1 Beet Kresse
100 g Bärlauch | 1 Bund Dill
1 kleine Bio-Zitrone | 200 g Schmand
80 ml warme Gemüsebrühe | Zucker

Für 4 Personen | 1 Std. Zubereitung
Pro Portion ca. 275 kcal, 14 g EW, 4 g F, 45 g KH

1 Nudeln in heißem Salzwasser nach Packungsanweisung garen. Erbsen ca. 2 Min. mit den Nudeln mitgaren, beides abgießen und abtropfen lassen. Eier in 8–10 Min. hart kochen, abschrecken, schälen und abkühlen lassen.

2 Frühlingszwiebeln waschen und putzen. Paprika putzen, waschen und entkernen. Beides in kleine Stücke schneiden und im heißen Öl unter Rühren ca. 2 Min. kräftig anbraten. Salzen und pfeffern, beiseite stellen. Gurke waschen und fein hobeln. Kresse vom Beet schneiden. Bärlauch und Dill waschen, trockentupfen. Bärlauch in feine Streifen schneiden, Dill fein hacken. Zitrone waschen und abtrocknen. Schale fein abreiben und Zitrone auspressen.

3 Schmand mit der Brühe verrühren. Mit Zitronensaft und -schale, Salz, Pfeffer und 1 Prise Zucker würzen, Kräuter zugeben und mit Nudeln, Erbsen, gebratenem Gemüse und Gurke mischen. Eier achteln und unterheben. Den Salat ca. 30 Min. ziehen lassen. Nochmals abschmecken.

einfach, aber raffiniert
Spargelsalat mit Bärlauch

1 kg weißer Spargel
3–4 EL Sonnenblumenöl
Salz | frisch gemahlener Pfeffer
Zucker | 100 ml Gemüsebrühe
2–3 EL Obstessig
100 g Bärlauch | 100 g gekochter Schinken
250 g Brunnenkresse (ersatzweise Feldsalat)
100 g Kirschtomaten
Kapuzinerkresseblüten zum Garnieren

Für 4 Personen | 40 Min. Zubereitung
Pro Portion ca. 175 kcal, 6 g EW, 13 g F, 8 g KH

1 Spargel schälen und die holzigen Enden abschneiden. Den Spargel in ca. 4 cm lange Stücke schneiden. Öl in einer großen Pfanne erhitzen und die Spargelstücke darin bei mittlerer Hitze ca. 12 Min. braten. Mit Salz, Pfeffer und 1 Prise Zucker würzen. Spargel mit Brühe und Essig ablöschen, aufkochen und vom Herd nehmen.

2 Inzwischen Bärlauch waschen, abtrocknen und putzen. Bärlauch in Streifen, Schinken in Würfel schneiden. Bärlauch und Schinken unter den noch warmen Spargel heben und etwas abkühlen lassen.

3 Brunnenkresse waschen, trockentupfen und putzen. Tomaten waschen und halbieren. Brunnenkresse und Tomaten zur Spargelmischung geben. Salat nochmals abschmecken, anrichten und mit Kapuzinerkresseblüten garnieren.

UND DAZU – POCHIERTE EIER
Der feine Salat schmeckt mit wachsweich pochierten Eiern besonders gut.

frühlingsfrisch | fruchtig
Rhabarber-Rucola-Salat

750 g Rhabarber | 125 g Rucola
2 Schalotten | 1 Knoblauchzehe
5 EL Sonnenblumenöl
200 ml Kirschnektar | 3 EL Himbeeressig
Salz | frisch gemahlener Pfeffer
Zucker
2 EL Pinienkerne
4 Scheiben Ziegenkäserolle (à ca. 80 g)
1 TL getrockneter Thymian

Für 4 Personen | 45 Min. Zubereitung
Pro Portion ca. 540 kcal, 18 g EW, 38 g F, 33 g KH

1 Rhabarber waschen, putzen und in ca. 3 cm große Stücke schneiden. Rucola waschen, abtrocknen, verlesen und in mundgerechte Stücke zupfen. Schalotten und Knoblauch schälen und fein hacken. 1 EL Öl erhitzen und darin Schalotten und Knoblauch kurz andünsten. Rhabarber zugeben und zugedeckt 4–5 Min. mitdünsten. Alles mit Kirschnektar ablöschen und aufkochen. Ca. 2 Min. bei kleinster Hitze köcheln lassen, dann vom Herd nehmen. Kirschnektar vorsichtig abgießen, mit Essig verrühren und mit Salz, Pfeffer und Zucker würzen. 4 EL Öl unterrühren. Backofengrill vorheizen.

2 Pinienkerne in einer Pfanne ohne Fett goldbraun rösten und herausnehmen. Ziegenkäsescheiben auf ein mit Backpapier belegtes Backblech legen und mit 1 TL Zucker und Thymian bestreuen. Unter dem heißen Grill des Backofens 2–3 Min. gratinieren. Rucola mit dem Rhabarber anrichten und mit Vinaigrette beträufeln. Pinienkerne darüberstreuen und Ziegenkäsetaler daraufsetzen. Dazu passen geröstete Brotscheiben.

SALATE

mediterrane Leckerei
Brotsalat mit Rucola, Pilzen und Tomaten

Typisch italienisch kommt dieser Salat daher – unkompliziert, mit vielen frischen Zutaten und praktisch noch dazu. Brotreste vom Vortag kommen so nochmal zu Ehren. Im Sommer gekühlt mit einem leichten Rotwein – Urlaub kann kaum schöner sein!

10 EL Rotweinessig
400 g Ciabattabrot in 1 cm dicken Scheiben (vom Vortag)
500 g Tomaten
300 g Champignons
2 EL und 80 ml Olivenöl
Salz | frisch gemahlener Pfeffer
2–3 Knoblauchzehen
100 ml Gemüsebrühe
2–3 EL rotes Pesto (aus dem Glas)
250 g Rucola
1 Bund Frühlingszwiebeln
1 Bund Basilikum

Für 4–6 Personen | 40 Min. Zubereitung
Bei 6 pro Portion ca. 395 kcal, 9 g EW, 23 g F, 37 g KH

1 150 ml Wasser mit 6 EL Essig aufkochen. Brot zerzupfen, in eine große Schüssel geben und mit der Essigmischung beträufeln. Tomaten waschen, in Achtel schneiden und dabei den Stielansatz entfernen. Champignons putzen und halbieren. 2 EL Öl in einer Pfanne erhitzen und die Pilze darin unter Rühren 2 Min. kräftig anbraten. Mit Salz und Pfeffer würzen und etwas abkühlen lassen.

2 Knoblauchzehen schälen. 4 EL Essig, Brühe und Pesto verrühren. Mit Salz und Pfeffer abschmecken. Knoblauch in die Pestomischung pressen und 80 ml Öl darunterschlagen.

3 Rucola waschen, trockentupfen, verlesen und grob hacken. Frühlingszwiebeln putzen, waschen und in dünne Ringe schneiden. Basilikum abzupfen und grob hacken.

4 Brot, Tomaten, Champignons, Frühlingszwiebeln, Rucola und Basilikum mischen und mit der Pesto-Vinaigrette beträufeln und vorsichtig mischen. Den Salat mit Salz und Pfeffer abschmecken und bis zum Servieren kühl stellen.

LUXUS-VARIANTE
Besonders lecker schmecken geröstete Pinienkerne oder Mandelstifte und frisch geriebener Parmesankäse im Salat. Wer nicht auf Fleisch verzichten mag: Frühstücksspeck in einer heißen Pfanne knusprig auslassen, auf Küchenpapier abtropfen und auskühlen lassen und über den fertigen Salat bröckeln.

TIPP FÜR GRILLFREUNDE
Wenn der Brotsalat vegetarisch zubereitet wird, ist er der ideale Begleiter zu gegrilltem Fleisch und Fisch.

GUT ZU WISSEN
Das Original kommt aus der Toskana und heißt dort Panzanella. Die Italiener geben noch Kapern und klein geschnittene Paprikaschoten in den Salat.

SALATE

knackig-pikant

Kartoffelsalat mit Karamellgemüse und Speck

750 g kleine, vorwiegend festkochende Kartoffeln
1 Fenchelknolle (ca. 300 g)
1 Stange Lauch (ca. 300 g)
100 g geräucherter durchwachsener Speck
3 EL Sonnenblumenöl
2 EL Ahornsirup (ersatzweise flüssiger Honig)
Salz | frisch gemahlener schwarzer Pfeffer
Saft von 1 Orange | 3 EL Weißwein-Essig
400 g Brunnenkresse (ersatzweise Feldsalat)
50 g Bärlauch | 1 Beet Kresse

Für 4 Personen | 1 Std. Zubereitung
Pro Portion ca. 500 kcal, 12 g EW, 32 g F, 41 g KH

1 Kartoffeln waschen und mit der Schale in ca. 20–25 Min. gar kochen. Abgießen, abschrecken, pellen und halbieren. Fenchel waschen, den harten Strunk entfernen, dann in feine Scheiben schneiden. Den Lauch putzen, waschen und in Ringe schneiden. Den Speck in Streifen schneiden.

2 In einer Pfanne 3 EL Öl erhitzen und den Speck darin knusprig auslassen. Speck herausnehmen und den Ahornsirup in das heiße Speckfett rühren. Fenchel untermischen und zugedeckt ca. 5 Min. garen. Dann den Lauch zugeben, alles mit Salz und Pfeffer würzen und weitere 5 Min. geschlossen garen. Das Gemüse mit Orangensaft und Essig ablöschen, aufkochen und vom Herd nehmen.

3 Brunnenkresse und Bärlauch waschen, abtrocknen und verlesen. Bärlauch hacken. Kresse vom Beet schneiden. Kartoffeln, Karamell-Gemüse, Speck und Kräuter vorsichtig mischen und kurz ziehen lassen.

besonders für Gäste

Löwenzahnsalat mit Nüssen und Salami

200 g Löwenzahn
1 mittelgroßer Lollo bianco
4 Eier (Größe M)
80 g Haselnusskerne
2 EL Salatmayonnaise | 1 EL Haselnussöl
1 EL Senf (z. B. Dijonsenf)
2 EL Weißweinessig
100 ml warme Gemüsebrühe
Salz | frisch gemahlener Pfeffer
1 Bund Schnittlauch
100 g hauchdünn geschnittene französische Salami
Gänseblümchen nach Belieben

Für 4 Personen | 35 Min. Zubereitung
Pro Portion ca. 400 kcal, 16 g EW, 34 g F, 8 g KH

1 Salate waschen, trockenschleudern und putzen. Eier in 6–8 Min. wachsweich kochen, dann abschrecken und schälen. Haselnüsse hacken und in einer Pfanne ohne Fett goldbraun rösten.

2 Mayonnaise, Nussöl, Senf, Essig und Brühe verrühren. Mit Salz und Pfeffer würzen. Schnittlauch waschen, trockentupfen und in feine Röllchen schneiden.

3 Salate in mundgerechte Stücke zupfen und auf Tellern anrichten. Eier halbieren, mit Salami und Nüssen auf dem Salat verteilen. Mit dem Senfdressing beträufeln und mit Schnittlauch und Gänseblümchen bestreuen.

Fleisch und Fisch

Fleisch- und Fischgerichte lassen sich ganz einfach mit einer Handvoll frischem Grün zu etwas ganz Besonderem machen. Greifen Sie ruhig üppig zu – die kräftigen Fleischaromen können das vertragen. Und saftiger Fisch mit aromatischen Kräutern ist sowieso eine Starbesetzung – und das nicht nur am Freitag.

Rucola-Kürbis-Pfanne mit Hähnchen

1 kleiner Hokkaido-Kürbis (ca. 1 kg)
500 g Hähnchenbrustfilet
2–3 EL Öl
Salz | frisch gemahlener Pfeffer
2 Schalotten
2 Knoblauchzehen
200 ml frisch gepresster Orangensaft
1 TL flüssiger Honig
150 g Kirschtomaten
100 g Rucola
2 TL Aceto balsamico

Für 4 Personen | 40 Min. Zubereitung
Pro Portion ca. 235 kcal, 33 g EW, 2 g F, 22 g KH

1 Kürbis vierteln, entkernen und schälen. Kürbis in dünne Spalten schneiden. Fleisch trockentupfen und in Würfel schneiden.

2 Öl in einer großen Pfanne erhitzen und die Fleischwürfel darin rundherum in 5 Min. goldbraun braten. Salzen und pfeffern und aus der Pfanne nehmen. Kürbis in das heiße Bratfett geben und unter Rühren 2–3 Min. kräftig anbraten, mit Salz würzen.

3 Inzwischen Schalotten und Knoblauch schälen. Schalotten in Spalten schneiden. Knoblauch zum Kürbisgemüse pressen, Schalotten zugeben und beides kurz mitdünsten. Alles mit Salz und Pfeffer würzen und mit Orangensaft ablöschen. Honig unterrühren. Gemüse geschlossen 8–10 Min. garen.

4 Tomaten und Rucola waschen. Tomaten halbieren, den Rucola trockentupfen und verlesen. Tomaten und Fleisch zum Gemüse geben und kurz erhitzen. Dann mit Essig ablöschen und salzen und pfeffern. Vom Herd nehmen und etwas abkühlen lassen. Rucola unterheben und sofort servieren.

FLEISCH UND FISCH

schmeckt nach Sommer

Lamm in Zitronensauce

500 g Lammlachse (ausgelöster Lammrücken)
1 große Zwiebel
400 g Nudeln (z. B. Tagliatelle)
Salz | 3 EL Öl
frisch gemahlener Pfeffer
Schale und Saft von 1 Bio-Zitrone
1 EL Mehl
250 ml Lammfond oder Gemüsebrühe
150 g Bärlauch
250 g Crème fraîche

Für 4 Personen | 40 Min. Zubereitung
Pro Portion ca. 850 kcal, 41 g EW, 40 g F, 81 g KH

1 Fleisch abtrocknen und in mundgerechte Stücke schneiden. Die Zwiebel schälen und fein würfeln.

2 Nudeln in heißem Salzwasser nach Packungsanweisung al dente garen. Inzwischen Öl in einer Pfanne erhitzen und das Fleisch darin in zwei Portionen in 3–4 Min. kräftig anbraten. Mit Salz und Pfeffer würzen. Fleisch aus der Pfanne nehmen und beiseite stellen.

3 Zwiebel im heißen Fett kurz andünsten, Zitronenschale zugeben. Beides mit Mehl bestäuben und kurz anschwitzen. Fond unter Rühren zugeben und aufkochen. Ca. 5 Min. bei kleiner Hitze köcheln lassen.

4 Bärlauch waschen, trockentupfen, putzen und grob hacken. Crème fraîche in die Sauce rühren und aufkochen. Das Fleisch zugeben und samt Bratensaft darin erhitzen. Mit Salz, Pfeffer und Zitronensaft würzen. Bärlauch zugeben und darin erhitzen. Nudeln abgießen und gut abtropfen lassen und mit dem Lammragout servieren.

raffiniert | für Gäste

Gefüllte Putenröllchen

600 g Putenbrustfilet
3 EL Doppelrahmfrischkäse
½ Scheibe Toastbrot | 50 g Bärlauch
Salz | frisch gemahlener Pfeffer
frisch geriebene Muskatnuss
8 Scheiben Frühstücksspeck
2 EL Butterschmalz | 1 Zwiebel
125 ml trockener Weißwein
3 EL Dessertwein (z. B. Marsala)
1 EL Feigensenf | 50 g eiskalte Butter in Flöckchen

Für 4 Personen | 1 Std. Zubereitung
Pro Portion ca. 490 kcal, 44 g EW, 31 g F, 4 g KH

1 Fleisch in 8 dünne Schnitzel schneiden und zwischen Frischhaltefolie so flach wie möglich klopfen. Frischkäse glatt rühren. Toastbrot fein zerbröseln. Bärlauch waschen, abtrocknen, verlesen und fein hacken. Toast und Bärlauch unterrühren und mit Salz, Pfeffer und Muskat würzen. Schnitzel auf je eine Speckscheibe legen und dünn mit Bärlauchcreme bestreichen, dann fest aufrollen, mit Holzspießchen feststecken und salzen und pfeffern.

2 Schmalz in einer großen Pfanne erhitzen und die Röllchen darin 5 Min. rundherum kräftig anbraten. Inzwischen die Zwiebel schälen und fein würfeln. Röllchen aus der Pfanne nehmen. Zwiebel im heißen Bratfett andünsten. Mit 125 ml Wasser, Weiß- und Dessertwein ablöschen und aufkochen, mit Senf, Salz und Pfeffer würzen. Die eiskalte Butter mit dem Schneebesen zügig einrühren. Röllchen in die Sauce geben und darin 10 Min. bei mittlerer Hitze offen köcheln lassen. Dabei ab und zu wenden. Dazu schmecken Butter-Gnocchi.

links: Gefüllte Putenröllchen | rechts: Lamm in Zitronensauce

für besondere Anlässe
Rindersteaks mit Kresse-Hollandaise

Edles Fleisch velangt nach einer feinen Begleitung – diese klassische Buttersauce ist aber weit weniger divenhaft als gemeinhin vermutet wird. Hier kommt ein Rezept, bei dem einfach nichts schief gehen kann. Köstlich schmeckt die Sauce auch zu feinem Geflügel, Fisch und Spargel.

750 g Kirschtomaten
3 Schalotten
200 g Butter
2 EL Sonnenblumenöl
Salz | frisch gemahlener Pfeffer
1 TL Zucker
2 Eigelbe
3 EL trockener Weißwein
1–2 TL Zitronensaft
4 Rinder-Hüftsteaks (à ca. 200 g)
50 g Brunnenkresse (ersatzweise 2 Beete Kresse)

Für 4 Personen | 30 Min. Zubereitung
Pro Portion ca. 725 kcal, 47 g EW, 55 g F, 12 g KH

1 Tomaten waschen und halbieren. Schalotten schälen und in dünne Spalten schneiden. Butter bei schwacher Hitze schmelzen lassen und beiseite stellen.

2 In der Zwischenzeit 1 EL Öl erhitzen, Schalotten darin kurz andünsten. Tomaten zugeben und mit Salz, Pfeffer und Zucker würzen. Alles geschlossen bei schwacher Hitze ca. 10 Min. schmoren lassen.

3 Eigelbe und Wein inzwischen in einen Topf geben und verrühren. Dann den Topf über ein heißes Wasserbad setzen und so lange mit einem Schneebesen schlagen, bis die Masse dicklich ist. Geschmolzene Butter zuerst tröpfchenweise, dann in einem dünnen Strahl unter ständigem Rühren unterschlagen. Sauce mit Zitronensaft, Salz und Pfeffer abschmecken und warm halten.

4 1 EL Öl in einer Pfanne erhitzen. Fleisch trockentupfen und zuerst auf beiden Seiten scharf anbraten. Dann mit Salz und Pfeffer würzen und bei mittlerer Hitze auf jeder Seite 2–3 Min. zu Ende braten. Pfanne beiseite stellen.

5 Brunnenkresse waschen, trockentupfen und ca. zwei Drittel fein hacken. Unter die Hollandaise rühren. Fleisch, Tomatengemüse und Sauce sofort auf Tellern anrichten und mit restlicher Kresse bestreuen. Dazu schmecken dünne Bandnudeln.

TIPP – GARPROBE
Am besten prüft man den Garzustand der Steaks, indem man mit dem Daumen oder einem Löffel auf das Bratgut drückt. Weich – innen noch roh. Gibt etwas nach – innen rosa. Fest – durchgegart.

FLEISCH UND FISCH

hier werden Männerträume wahr
Bärlauch-Buletten

1 Brötchen vom Vortag
125 ml Fleischbrühe
2 Zwiebeln
100 g Bärlauch
500 g gemischtes Hackfleisch
1 Ei
1 TL mittelscharfer Senf
1 EL Ketchup
½ TL gemahlener Kümmel
Salz | frisch gemahlener Pfeffer
4 EL Öl

Für 4 Personen | 40 Min. Zubereitung
Pro Portion ca. 500 kcal, 29 g EW, 39 g F, 8 g KH

1 Brötchen in der Fleischbrühe einweichen. Zwiebeln schälen und würfeln. Bärlauch waschen, trockentupfen und hacken.

2 Gut ausgedrücktes Brötchen, Hackfleisch, Ei, Zwiebeln, Senf, Ketchup, Kümmel und Bärlauch glatt verkneten. Mit Salz und Pfeffer würzen. Mit angefeuchteten Händen aus dem Hackteig 8–10 Frikadellen formen.

3 2 EL Öl in einer Pfanne erhitzen und die Frikadellen in zwei Portionen von jeder Seite 6–8 Min. braten. Warm stellen. 2 EL Öl erhitzen und die restlichen Frikadellen ebenso braten. Dazu schmecken Salzkartoffeln und Rahmgemüse.

macht was her | mildwürzig
Kräuter-Hähnchenbrust

2 Hähnchenbrüste (mit Knochen und Haut; ca. 1 kg)
10–12 Bärlauchblätter
Salz | frisch gemahlener Pfeffer
2 EL weiche Butter
1 Bund Suppengrün | 1 Zwiebel
½ l heiße Geflügelbrühe
100 ml trockener Weißwein
1 TL Speisestärke

Für 4 Personen | 75 Min. Zubereitung
Pro Portion ca. 370 kcal, 45 g EW, 18 g F, 3 g KH

1 Haut der Hähnchenbrüste mit Hilfe eines Kochlöffels vorsichtig lockern. Bärlauchblätter waschen, putzen und trockentupfen. Jeweils 5–6 Blätter unter die Haut der Hähnchenbrüste schieben. Brüste kräftig mit Salz und Pfeffer würzen und rundherum mit Butter bepinseln.

2 Brüste auf den Rost des Backofens über eine Fettpfanne setzen und bei 200° (Mitte, Umluft 180°) 40–50 Min. braten. Suppengrün putzen, schälen, waschen und in Stücke schneiden. Zwiebel schälen und achteln. Gemüse und Zwiebel in der Fettpfanne verteilen. Brühe angießen. Brüste gelegentlich mit Bratfond beschöpfen.

3 Brüste im ausgeschalteten Ofen ruhen lassen. Bratfond mit Weißwein ablöschen, durch ein feines Sieb in einen Topf geben und aufkochen. Stärke mit 3 EL kaltem Wasser verrühren, in den kochenden Bratfond einrühren und ca. 5 Min. offen köcheln lassen. Salzen und pfeffern. Hähnchenfilets vom Knochen lösen. Dazu schmeckt Safran-Risotto.

oben: Bärlauch-Buletten | unten: Kräuter-Hähnchenbrust

was Feines für Gäste

Sauerampfer-Cidre-Kaninchen

Aroma pur: Hier schmoren zartes Fleisch, Speck und Apfelwein sanft ihrer Vollendung entgegen. Sie müssen sich nur noch um Ihre Gäste kümmern und schon mal mit einem Gläschen anstoßen – Prost!

150 g durchwachsener geräucherter Speck
1 Gemüsezwiebel
3 Knoblauchzehen
2 EL Butterschmalz
1 küchenfertiges Kaninchen (ca. 2 kg, vom Metzger in 8 Stücke teilen lassen)
Salz | frisch gemahlener Pfeffer
250 ml Cidre (herb)
200 ml Gemüsebrühe
150 g Sauerampfer
200 g Crème fraîche
1 TL Mehl
frisch geriebene Muskatnuss
Zucker

Für 4 Personen | 80 Min. Zubereitung
Pro Portion ca. 1225 kcal, 100 g EW, 85 g F, 9 g KH

1 Den Speck fein würfeln. Zwiebel und Knoblauch schälen. Knoblauch hacken, die Zwiebel in Würfel schneiden. Das Butterschmalz in einem großen Bräter erhitzen und die Kaninchenteile darin rundherum goldbraun anbraten. Mit Salz und Pfeffer würzen. Speck, Zwiebel und Knoblauch zugeben und kurz mitbraten. Mit Cidre und Brühe ablöschen und alles geschlossen ca. 1 Std. bei mittlerer Hitze schmoren lassen.

2 Den Sauerampfer waschen, abtrocknen, putzen und fein hacken. Kaninchenteile aus dem Bräter nehmen und auf eine Platte legen. Crème fraîche und Mehl glatt verrühren. Crème fraiche-Mischung zum Bratensatz geben und ca. 5 Min. mitköcheln lassen. Bräter vom Herd nehmen. Sauerampfer einrühren und alles mit Salz, Pfeffer, Muskat und Zucker abschmecken. Kaninchenteile wieder zugeben und in der heißen Sauce erhitzen. Dazu schmeckt knuspriges Baguette und grüner Salat.

VARIANTE
Genauso lecker lässt sich dieses Gericht mit Kaninchenkeulen, einer Poularde oder mit Hähnchenschenkeln zubereiten. Etwas reichhaltiger wird es, wenn Sie zum Schluss noch einige Apfelspalten oder gebratene Champignons zum Fleisch geben und einige Minuten mitschmoren lassen.

PRAKTISCH
Dieses Gericht lässt sich prima vorbereiten: Dann das Kaninchen bis einschließlich Punkt 1 zubereiten und kühl stellen. Am nächsten Tag alles nochmal langsam aufkochen lassen und wie unter Punkt 2 beschrieben fortfahren.

GETRÄNKE-TIPP
Zu der herzhaften Sauce schmeckt ein trockener kräftiger Weißwein ebenso gut wie ein trockener Rosé.

TIPP
Falls Sie keinen großen Bräter besitzen, bereiten Sie das Gericht einfach in zwei kleineren Töpfen oder Pfannen zu.

für viele Gäste

Mediterraner Rollbraten mit Käsepolenta

Dieser prächtige Braten ist der Star auf jedem Gäste-Buffet – schnell gewickelt und saftig geschmort können sich die Aromen im Ofen wunderbar verbinden.

50 g Pinienkerne | 200 g Bärlauch
200 g getrocknete, in Öl eingelegte Tomaten
100 g schwarze Oliven (ohne Stein)
Salz | frisch gemahlener Pfeffer
2 kg Schweinenackenbraten (vom Metzger als Rollbraten aufschneiden lassen)
2 Bund Suppengrün | 2 Zwiebeln
250 ml trockener Weißwein
2 l Gemüsebrühe
500 g feiner Maisgrieß (Polenta)
80 g Butter | 100 g geriebener Parmesan
100 g Schlagsahne

Für 8–10 Personen | 3 Std. Zubereitung
Bei 10 pro Portion ca. 815 kcal, 47 g EW, 46 g F, 49 g KH

1 Den Backofen auf 200° vorheizen. Die Pinienkerne in einer Pfanne ohne Fett anrösten. Herausnehmen und etwas abkühlen lassen. Den Bärlauch waschen, abtrocknen, putzen und fein hacken. Die Tomaten und Oliven abtropfen lassen und fein hacken. Mit den Pinienkernen und Bärlauch vermengen und leicht mit Salz und Pfeffer würzen.

2 Die Bärlauchmischung gleichmäßig auf dem Fleisch verteilen. Braten fest aufrollen und mit Küchengarn sorgfältig zusammenbinden (Bild 1). Braten rundherum kräftig mit Salz und Pfeffer würzen, dann auf den Rost des Backofens setzen und Fettpfanne darunterschieben. 2 Tassen Wasser in die Fettpfanne gießen. Braten im heißen Ofen (Mitte, Umluft 180°) ca. 2¼ Std. braten. Den Braten alle 20 Min. mit Bratensatz beschöpfen.

3 Inzwischen Suppengrün schälen, bzw. putzen, waschen und in kleine Stücke schneiden. Zwiebeln schälen und achteln. Gemüse und Zwiebeln auf der Fettpfanne verteilen und ca. 1½ Std. mitgaren. Nach und nach Wein und knapp 1 l Wasser in die Fettpfanne gießen. Den Braten aus dem Ofen nehmen, in Alufolie wickeln und auf dem Rost im ausgeschalteten Ofen ruhen lassen. Gemüse und Bratenfond durch ein feines Sieb in einen Topf geben. Gemüse durch das Sieb streichen (Bild 2). Sauce aufkochen und ca. 10 Min. köcheln lassen.

4 Inzwischen Gemüsebrühe aufkochen. Polenta unter Rühren einrieseln lassen und in ca. 8 Min. ausquellen lassen. Butter in Stückchen und Parmesan einrühren. Käsepolenta mit Salz und Pfeffer abschmecken. Polenta warm halten, dabei gelegentlich umrühren. Sauce mit Sahne verfeinern und mit Salz und Pfeffer würzen.

5 Braten aus dem Ofen nehmen und auf ein großes Brett setzen. Den entstandenen Fleischsaft aus der Folie in die Sauce rühren. Braten mit einem elektrischen Messer in Scheiben schneiden. Alles zusammen anrichten.

TIPP – RESTEVERWERTUNG
Falls Sie Glück haben und es bleibt etwas übrig: dünne Bratenscheiben mit etwas Pesto und Salat auf knuspriges Baguette legen – fürs Picknick oder im Büro.

FLEISCH UND FISCH

schnell vorbereitet | raffiniert

Schweinefilets mit Champignon-Bärlauch-Kruste

Schweinefilet ist das vielseitigste und edelste Stück vom Schwein – ob als Medaillon, Geschnetzeltes oder im Ganzen mit Kruste. Für Gäste für mich die erste Wahl!

2 Schweinefilets (à ca. 300 g)
Salz | frisch gemahlener Pfeffer
1 EL Butterschmalz
1 Scheibe Toastbrot
1 Schalotte
100 g Champignons
50 g Bärlauch
3 Stiele Petersilie
2 EL weiche Butter
300 g Bandnudeln
1 Stange Lauch
abgeriebene Schale einer ½ Bio-Zitrone
75 g Kräuter-Crème fraîche

Für 4 Personen | 60 Min. Zubereitung
Pro Portion ca. 580 kcal, 44 g EW, 21 g F, 56 g KH

1 Filets trockentupfen und mit Salz und Pfeffer würzen. Das Butterschmalz erhitzen und die Filets darin rundherum kräftig anbraten. Herausnehmen.

2 Inzwischen das Toastbrot mit den Händen fein zerbröseln, evtl. vorher entrinden. Schalotte schälen und sehr fein würfeln. Champignons putzen und sehr fein hacken. Schalotte und Champignons in die noch heiße Pfanne geben und bei mittlerer Hitze so lange braten, bis keine Flüssigkeit mehr vorhanden ist. Mit Salz und Pfeffer würzen und abkühlen lassen. Den Backofen auf 200° vorheizen.

3 Den Bärlauch waschen, trockentupfen und putzen. Petersilie waschen und die Blättchen abzupfen. Beides fein hacken. Kräuter, Butter, Champignons und Toastbrösel verkneten. Mit Salz und Pfeffer würzen. Schweinefilets mit der Kräutermasse bestreichen und im heißen Ofen (Mitte, Umluft 180°) 15–18 Min. garen.

4 Inzwischen die Nudeln im kochenden Salzwasser nach Packungsanweisung garen. Lauch putzen, waschen und längs in dünne Streifen schneiden. Lauch 3 Min. im Nudelwasser mitgaren, dann beides abgießen und abtropfen lassen. Zusammen wieder in den Topf geben. Zitronenschale und Crème fraîche unterrühren. Mit Salz und Pfeffer abschmecken. Filets aus dem Ofen nehmen, aufschneiden und mit den Lauchnudeln anrichten.

VARIANTE

Die Kräuterkruste schmeckt auch auf Lammlachsen (ausgelöster Lammrücken) ganz köstlich. Die Garzeit im Ofen verkürzt sich dann auf 10–12 Min. Lecker dazu: grüne Bohnen und knusprige Röstkartoffeln.

FLEISCH UND FISCH

keine Angst vorm ganzen Fisch
Forelle in Bärlauch-Mandel-Hülle

4 küchenfertige Forellen (à ca. 350 g)
Saft von 1 Zitrone
Salz
100 g Bärlauch
150 g Mandelblättchen
6 EL Mehl
4 EL Butterschmalz

Für 4 Personen | 1 Std. Zubereitung
Pro Portion ca. 590 kcal, 57 g EW, 39 g F, 3 g KH

1   Forellen abspülen und trockentupfen. Mit dem Zitronensaft die Forellen innen und außen beträufeln und salzen. Bärlauch waschen, abtrocknen und putzen. Die Forellen mit je 1 Bärlauchblatt füllen. Restlichen Bärlauch fein hacken.

2   Mandelblättchen auf einen großen flachen Teller geben. Mehl auf einem großen flachen Teller verteilen. Forellen zuerst in den Mandeln, dann im Mehl wenden. Mandeln und Mehl dabei etwas andrücken. Butterschmalz in 2 beschichteten Pfannen erhitzen. Forellen darin bei mittlerer Hitze von jeder Seite 8 Min. braten. Zum Schluss restlichen Bärlauch über die Forellen streuen und kurz mitbraten. Als Beilage schmecken Salzkartoffeln oder Kartoffelpüree.

GETRÄNKE-TIPP
Dazu passt hervorragend ein kühles Glas Riesling aus dem Rheingau.

schneller geht's nicht
Fischfilet mit Kräuter-Frischkäse-Kruste

50 g Sauerampfer
3 EL Doppelrahmfrischkäse
1 Scheibe Toastbrot
2 EL frisch geriebener Parmesankäse
Salz | frisch gemahlener Pfeffer
4 Fischfilets (à ca. 150 g; z. B. Seelachs)
1 EL Zitronensaft
1–2 EL Olivenöl

Für 4 Personen | 25 Min. Zubereitung
Pro Portion ca. 240 kcal, 31 g EW, 12 g F, 3 g KH

1   Backofen auf 200° vorheizen. Sauerampfer waschen, trockentupfen und putzen. Frischkäse glatt rühren. Sauerampfer hacken. Toastbrot fein zerbröseln, mit Frischkäse, Parmesankäse und Sauerampfer glatt rühren. Salzen und pfeffern.

2   Fischfilets waschen und trockentupfen. Mit Zitronensaft, Salz und Pfeffer würzen. Filets auf einem mit Backpapier belegten Backblech verteilen und mit der Frischkäsemasse bestreichen. Mit dem Olivenöl beträufeln und im heißen Ofen (Mitte, Umluft 180°) 10 Min. garen. Evtl. zum Schluss kurz unter den Grill schieben. Dazu schmeckt Kartoffelsalat.

AUSTAUSCH-TIPP
Die Kruste können Sie mit der gleichen Menge Bärlauch zubereiten. Das kräftige Knoblaucharoma passt besonders gut zu Schnitzeln, Hähnchen- oder Lammfilet. Hierfür das Fleisch fast durchbraten, dann die Kräutermasse auf dem Fleisch verteilen und nochmals 5–8 Min. im Ofen bei 200° (Mitte, Umluft 180°) garen.

FLEISCH UND FISCH

einfach und schnell

Tomatenfisch mit Rucolasahne

2 Zwiebeln
2 Knoblauchzehen
2–3 EL Öl
1 Dose Tomaten (850 g Füllgewicht)
Salz | frisch gemahlener Pfeffer
500 g Fischfilet (z. B. Rotbarsch)
100 g Rucola
150 g Schlagsahne
frisch geriebene Muskatnuss

Für 4 Personen | 50 Min. Zubereitung
Pro Portion ca. 350 kcal, 28 g EW, 23 g F, 9 g KH

1 Zwiebeln und Knoblauch schälen. Zwiebeln würfeln, Knoblauch in dünne Scheiben schneiden. Öl in einem weiten Topf erhitzen. Zwiebeln und Knoblauch darin kurz andünsten. Tomaten zugeben und etwas zerkleinern. Salzen und pfeffern und ca. 5 Min. bei mittlerer Hitze köcheln lassen.

2 Den Fisch waschen, trockentupfen und in mundgerechte Würfel schneiden. Mit Salz und Pfeffer würzen. Fisch auf den Tomaten verteilen und bei mittlerer Hitze zugedeckt 8–10 Min. garen. Fischstücke dabei 1–2 Mal vorsichtig wenden.

3 Rucola waschen, trockentupfen, verlesen und hacken. Sahne steif schlagen. Rucola unter die Sahne heben. Rucolasahne mit Salz, Pfeffer und Muskat würzen, kalt stellen.

4 Tomatenfisch mit Salz und Pfeffer abschmecken und portionsweise anrichten. Rucolasahne darauf verteilen und sofort servieren. Dazu schmeckt Reis.

mögen auch Kinder gern

Lachsnudeln in Gemüse-Kräuter-Rahm

300 g Möhren
3 Frühlingszwiebeln
500 g Lachsfilet
400 g Spaghetti | Salz
2 EL Öl | frisch gemahlener Pfeffer
2 EL Mehl | ½ l Gemüsebrühe
50 g Bärlauch | 150 g Crème fraîche
1–2 TL Zitronensaft
1 Beet Kresse

Für 4 Personen | 40 Min. Zubereitung
Pro Portion ca. 870 kcal, 41 g EW, 40 g F, 85 g KH

1 Möhren schälen und in kleine Würfel schneiden. Frühlingszwiebeln putzen, waschen und in Ringe schneiden. Lachs abspülen, trockentupfen und in Würfel schneiden. Spaghetti nach Packungsanweisung in reichlich Salzwasser garen.

2 Inzwischen Öl in einer Pfanne erhitzen. Möhren und Frühlingszwiebeln zugeben und 5 Min. unter gelegentlichem Rühren braten. Mit Salz und Pfeffer würzen, mit Mehl bestäuben und kurz andünsten. Brühe unter Rühren zugießen und alles in 5 Min. garen. Bärlauch waschen, abtrocknen, putzen und hacken. Crème fraîche zum Gemüse geben, einrühren und aufkochen. Bärlauch ebenfalls unterrühren. Fischwürfel zugeben und in der heißen Sauce 3–4 Min. gar ziehen lassen. Die Sauce mit Salz, Pfeffer und Zitronensaft abschmecken.

3 Die Spaghetti abgießen und gut abtropfen lassen. Kresse vom Beet schneiden. Nudeln mit der Sauce anrichten und mit der Kresse garnieren.

Vegetarisches

Dieses sahnige Püree ist wirklich etwas für Feinschmecker – jedes Jahr freue ich mich, wenn ich den ersten Sauerampfer und Bärlauch auf dem Markt entdecke – dann geht's sofort ab in die Küche an den Herd. Für Fleischfans: Es passt auch hervorragend zu Fisch oder Minutensteaks.

Sauerampfer-Bärlauch-Püree

1,2 kg mehlig kochende Kartoffeln
Salz | 100 g Sauerampfer
50 g Bärlauch
125 g Butter
1 Bio-Zitrone
2 EL kleine Kapern (aus dem Glas)
frisch gemahlener Pfeffer
300 ml heiße Milch
geriebene Muskatnuss
50 g Schlagsahne

Für 4 Personen | 45 Min. Zubereitung
Pro Portion ca. 510 kcal, 9 g EW, 33 g F, 45 g KH

1 Kartoffeln schälen, waschen und in Stücke schneiden. In Salzwasser 20–25 Min. kochen. Sauerampfer und Bärlauch waschen, trockentupfen und putzen. Beides in feine Streifen schneiden.

2 Butter bei kleiner Hitze zerlassen. Zitrone waschen und trockenreiben. Schale fein abreiben. 2 EL Saft auspressen. Kapern, Zitronensaft und -schale in die warme Butter einrühren und mit Salz und Pfeffer abschmecken.

3 Kartoffeln abgießen und kurz im heißen Topf ausdampfen lassen. Heiße Milch nach und nach zugeben, dabei Kartoffeln zu Püree zerstampfen. Püree mit Muskat, Salz und Pfeffer würzen. Sahne unter das Püree heben. Bärlauch und Sauerampfer ebenfalls unterheben. Püree nochmals abschmecken und mit der Zitronen-Kapern-Butter servieren.

VEGETARISCHES

frühlingsfrischer Klassiker
Bärlauch-Spargel-Risotto

500 g grüner Spargel
Salz
1 Zwiebel
4 EL Olivenöl
250 g Risottoreis (z. B. Arborio-Reis)
125 ml trockener Weißwein
100 g Bärlauch
50 g frisch geriebener Parmesan

Für 4 Personen | 55 Min. Zubereitung
Pro Portion ca. 420 kcal, 13 g EW, 16 g F, 53 g KH

1 Unteres Drittel der Spargelstangen schälen, holzige Enden abschneiden. Spargelstangen in mundgerechte Stücke schneiden und in ¾ l leicht gesalzenem Wasser 4–5 Min. garen. Abgießen, das Spargelwasser dabei auffangen. Die Zwiebel schälen und fein würfeln.

2 Olivenöl in einem weiten Topf erhitzen, Zwiebel darin kurz andünsten. Risottoreis zugeben und unter Rühren darin glasig dünsten. Mit Wein und etwas Spargelwasser unter Rühren ablöschen. Restliches Spargelwasser nach und nach zugießen, dabei regelmäßig umrühren. Den Reis so in 35–40 Min. garen.

3 Inzwischen den Bärlauch waschen, abtrocknen, putzen und fein hacken. Den Parmesan unter den fertigen Reis mischen. Bärlauch und Spargel vorsichtig unter den Reis heben und darin erhitzen. Risotto mit Salz und Pfeffer abschmecken.

Leckeres aus dem Morgenland
Bunte Couscous-Pfanne

250 g Instant-Couscous
½ l heiße Gemüsebrühe
100 g getrocknete Aprikosen
je 1 gelbe, rote und grüne Paprikaschote
1 Zwiebel | 3 EL Öl
100 g Mandelstifte | Salz
Cayennepfeffer | 100 g Bärlauch
200 g Sahnejoghurt | 5 EL Milch
½ TL Kreuzkümmel
frisch gemahlener Pfeffer
1 TL Zitronensaft
150 g Feta

Für 4 Personen | 45 Min. Zubereitung
Pro Portion ca. 675 kcal, 22 g EW, 36 g F, 62 g KH

1 Couscous in eine Schüssel geben, mit 350 ml Brühe begießen und 5 Min. quellen lassen. Aprikosen würfeln und in der restlichen Brühe einweichen. Paprika putzen, vierteln, waschen und in kleine Würfel schneiden.

2 Die Zwiebel schälen und fein würfeln. Das Öl in einer großen Pfanne erhitzen, Zwiebel und Mandeln darin bei mittlerer Hitze 1–2 Min. braten. Die Paprika zur Zwiebelmischung geben und alles geschlossen ca. 5 Minuten garen. Mit Salz und Cayennepfeffer würzen. Couscous mit einer Gabel auflockern und unterheben. Aprikosen zugeben.

3 Bärlauch waschen, trockentupfen, putzen und grob hacken. Zur Couscous-Pfanne geben. Joghurt, Milch und Kreuzkümmel verrühren, mit Salz, Pfeffer und Zitronensaft würzen. Feta über die Couscous-Pfanne bröckeln und den Joghurt dazureichen.

oben: Bunte Couscous-Pfanne | unten: Bärlauch-Spargel-Risotto

VEGETARISCHES

die schmeckt groß und klein
Bärlauch-Tomaten-Lasagne

Dieses Prachtstück ist das Lieblingsessen meiner Familie – ich bereite sie in der Bärlauchsaison fast jede Woche zu. Wenn ich keinen frischen Bärlauch bekomme, verwende ich Bärlauchpüree (siehe Seite 7) oder Bärlauchpesto (siehe Seite 64).

500 g Bärlauch
1 große Zwiebel
3 EL Olivenöl
Salz | frisch gemahlener Pfeffer
60 g Butter
60 g Mehl
350 ml Gemüsebrühe
350 ml Milch
100 g Parmesan
frisch geriebene Muskatnuss
600 g Tomaten
250 g Mozzarella
150 g Lasagneplatten (ohne Vorkochen)

Für 4 Personen
1 Std. Zubereitung | 45 Min. Backen
Pro Portion ca. 745 kcal, 37 g EW, 44 g F, 51 g KH

1 Bärlauch waschen, trockentupfen, putzen und grob hacken. Zwiebel schälen und fein würfeln. Das Öl in einer Pfanne erhitzen und die Zwiebel darin kurz andünsten, gehackten Bärlauch zugeben und 1 Min. mitdünsten. Mit Salz und Pfeffer würzen und beiseite stellen.

2 Für die Bechamelsauce die Butter in einem Topf erhitzen, Mehl einrühren und kurz anschwitzen. Brühe und Milch unter Rühren zugeben. Sauce aufkochen und bei mittlerer Hitze 5 Min. köcheln lassen. Parmesan fein reiben und in die Sauce rühren, mit Salz, Pfeffer und Muskat abschmecken.

3 Tomaten waschen, putzen und dabei den Stielansatz und das Kerngehäuse entfernen. Tomaten in Scheiben schneiden. Mozzarella abtropfen lassen und die Hälfte davon fein würfeln, den Rest in Scheiben schneiden.

4 Etwas Bechamelsauce in eine Auflaufform geben und mit Lasagneplatten auslegen. Mit Tomatenscheiben belegen und mit Salz und Pfeffer würzen. 5 EL gedünsteten Bärlauch darauf verteilen und mit der Hälfte der Mozzarellawürfel bestreuen. Mit Sauce bedecken. So weiterschichten, bis alle Zutaten verbraucht sind. Zum Schluss die Lasagne mit einigen Tomaten- und den Mozzarellascheiben belegen. Lasagne bei 180° (Mitte, Umluft 160°) 45 Min. backen.

TIPP
Mozzarella schmilzt sehr gut und ist daher ideal zum Überbacken von Aufläufen oder Kurzgebratenem geeignet. Er lässt sich aber auch prima panieren oder mit Frühstücksspeck umwickeln und braten. Rezept-Klassiker: »Insalata Caprese« Mozzarella- und Tomatenscheiben mit Olivenöl beträufelt und üppig mit frischem Basilikum belegt. Probieren Sie auch mal Mozzarella aus Büffelmilch, er hat einen besonders würzigen Geschmack.

macht satt – ungewöhnlich

Sesamkartoffeln mit Curry-Möhren-Dip

Ideal für Gäste, denn mit den zusätzlichen Saucen von gegenüber ist für jeden Geschmack das Passende dabei. Für viele Leute können Sie die Mengen einfach verdoppeln.

1,2 kg kleine Kartoffeln | 700 g Möhren | Salz | 2 Zwiebeln | 2 Knoblauchzehen | 1 große rote Chilischote | 100 g Bärlauch | 7 EL Öl | 1 gehäufter TL Curry | 1–2 TL flüssiger Honig | einige Spritzer Zitronensaft | 3 EL Sesamsamen

Für 4 Personen | 45 Min. Zubereitung
Pro Portion ca. 485 kcal, 23 g EW, 10 g F, 60 g KH

1 Kartoffeln waschen und mit Schale in kochendem Wasser 20–25 Min. garen. Möhren putzen, schälen und in grobe Stücke schneiden. Möhren in wenig kochendem Salzwasser 10–15 Min. weich garen. Zwiebeln und Knoblauch schälen und fein hacken. Chili waschen, entkernen und in feine Ringe schneiden. Bärlauch waschen, trockentupfen, putzen und hacken. Möhren abgießen, dabei 200 ml Kochwasser auffangen. Möhren samt Garflüssigkeit fein pürieren.

2 4 EL Öl erhitzen, Zwiebeln, Knoblauch, Chili und Bärlauch darin kurz andünsten. Curry zugeben und kurz anschwitzen. Möhrenpüree und Honig zugeben und einmal aufkochen. Abkühlen lassen. Mit Zitronensaft und Salz abschmecken.

3 Kartoffeln abgießen, abschrecken und pellen. 3 EL Öl in einer großen Pfanne erhitzen und die Kartoffeln darin bei mittlerer Hitze rundherum goldbraun braten. Sesam darüberstreuen und 1–2 Min. mitbraten. Sauce nochmals abschmecken und mit den Sesamkartoffeln anrichten.

herrlich frisch

Rucola-Kresse-Quark

500 g Speisequark (20 % Fett) | 200 g Schmand | 3 EL Mayonnaise | 100 ml Milch | 3 Frühlingszwiebeln | 100 g Rucola | 2 Beete Kresse | Salz | frisch gemahlener Pfeffer | Zucker

Für 4 Personen | 10 Min. Zubereitung
Pro Portion ca. 375 kcal, 20 g EW, 29 g F, 8 g KH

1 Quark, Schmand, Mayonnaise und Milch in einer Schüssel verrühren. Frühlingszwiebeln putzen, waschen und fein würfeln. Rucola waschen, trockentupfen, verlesen und hacken. Kresse vom Beet schneiden. Frühlingszwiebeln, Rucola und Kresse unter den Quark rühren und mit Salz, Pfeffer und Zucker würzen.

TIPP
Der Quark schmeckt mit unterschiedlichen Kräutern: gehacktem Bärlauch, Sauerampfer oder Brunnenkresse. Ebenso sind getrocknete Tomaten in Öl in feine Streifen geschnitten im Quark sehr lecker.

Mexiko lässt grüßen

Bärlauch-Guacamole

3 reife Avocados | Saft von ½ Limette | 200 g Vollmilchjoghurt | Salz | frisch gemahlener Pfeffer | ½ TL Kreuzkümmel | 100 g Bärlauch

Für 4 Personen | 15 Min. Zubereitung
Pro Portion ca. 370 kcal, 5 g EW, 37 g F, 4 g KH

1 Acocados halbieren, Stein entfernen und das Fruchtfleisch auslösen. Mit Limettensaft beträufeln und fein pürieren. Joghurt unterrühren und alles mit Salz, Pfeffer und Kreuzkümmel würzen. Bärlauch waschen, trockentupfen, putzen und hacken und ebenfalls unterrühren.

TIPP
Damit sich die Guacamole nicht verfärbt, einfach den Avocadostein bis zum Servieren hineindrücken oder die Guacamole mit Klarsichtfolie abdecken.

UND DAZU?
Tex-Mex lässt grüßen – Für Chili-Kartoffeln Pellkartoffeln mit gehacktem Chili und Knoblauch goldbraun braten.

VEGETARISCHES

französische Bistroküche

Bärlauch-Tomaten-Tarte

Schnell gemacht und hübsch anzusehen – heiß oder kalt gegessen – als Vorspeise oder leichtes Mittagessen – zum Picknick, fürs Menü oder im Büro – einfach toll diese Tarte!

250 g Mehl | 125 g kalte Butter
4 Eier (Größe M) | Salz
100 g mittelalter Gouda
150 g Bärlauch
250 g Magerquark | 150 g Crème fraîche
frisch gemahlener Pfeffer
frisch geriebene Muskatnuss
100 g Kirschtomaten
Mehl für die Arbeitsfläche | Fett für die Form
Hülsenfrüchte (z. B. Erbsen, Linsen) zum Blindbacken

Für eine Tarteform von 28 cm ⌀ (12 Stück)
25 Min. Zubereitung | 30 Min. Kühlen
50 Min. Backen
Pro Stück ca. 270 kcal, 9 g EW, 18 g F, 16 g KH

1 Mehl in eine große Schüssel geben. Butter in Stückchen, 1 Ei, 1 EL kaltes Wasser und ½ TL Salz zugeben. Alles zuerst mit den Knethaken des Handrührgerätes, dann mit den Händen rasch zu einem glatten Teig verkneten. Mürbeteig zugedeckt ca. 30 Min. kühl stellen.

2 Gouda fein reiben. Bärlauch waschen, trockentupfen, putzen und fein hacken. Quark, Crème fraîche und 3 Eier verrühren. Gouda und Bärlauch zugeben und mit Salz, Pfeffer und Muskat kräftig würzen. Den Backofen auf 200° vorheizen.

3 Teig auf einer bemehlten Arbeitsfläche rund (ca. 32 cm ⌀) ausrollen und in eine gefettete Tarteform legen. Teigrand leicht andrücken. Den Boden mit einer Gabel mehrmals einstechen. Backpapier auf den Teig legen und die Hülsenfrüchte darauf verteilen. Teig im heißen Ofen (Mitte, Umluft 180°) 8–10 Min. blindbacken.

4 Form aus dem Ofen nehmen und die Hülsenfrüchte samt Backpapier entfernen. Quarkmasse einfüllen. Die Tomaten waschen und halbieren und auf der Tarte verteilen. Die Tarte im heißen Ofen (Mitte, Umluft 180°) ca. 40 Min. backen, evtl. die letzten Minuten mit Alufolie abdecken. Dazu schmeckt ein Rucolasalat.

VARIANTEN
Geben Sie einige in Scheiben geschnittene Oliven, geröstete Pinienkerne oder gebratene Pilze unter die Eimasse. Hübsch für Gäste: die Tarte in kleinen Quicheformen zubereiten.

VORRATS-TIPP
Bereiten Sie die doppelte Teigmenge zu, denn Mürbeteig lässt sich super einfrieren. Dann nur noch auftauen lassen und wie oben beschrieben verarbeiten.

TIPP – BLINDBACKEN
Mürbeteigböden sollte man blindbacken, wenn man einen relativ feuchten Belag wie z. B. einen Eierguss oder bei Kuchen, stark saftendes Obst verarbeiten möchte – beim späteren Backen wird der Boden nicht »klitschig«. Die Hülsenfrüchte zum Blindbacken können Sie wieder verwenden. Einfach abkühlen lassen und in einem Schraubglas aufbewahren.

REGISTER

Zum Gebrauch
Damit Sie Rezepte mit bestimmten Zutaten noch schneller finden können, stehen in diesem Register zusätzlich auch beliebte Zutaten wie **Kresse** oder **Tomaten** – ebenfalls alphabetisch geordnet und **hervorgehoben** – über den entsprechenden Rezepten.

A

Ananas-Bärlauch-Chutney 65
Äpfel
    Bärlauch-Kresse-Obatzter 19
    Cranberry-Kresse-Müsli 10
Avocados: Bärlauch-Guacamole 57

B

Bärlauch
    Ananas-Bärlauch-Chutney 65
    Bärlauch-Apfel-Senf 64
    Bärlauch-Buletten 39
    Bärlauch-Flädle-Suppe 20
    Bärlauch-Guacamole 57
    Bärlauch-Joghurt-Aioli mit Gemüsesticks 9
    Bärlauch-Kresse-Obatzer 19
    Bärlauchpesto 64
    Bärlauchpüree 7
    Bärlauch-Schnecken 15
    Bärlauch-Spargel-Risotto 53
    Bärlauch-Speck-Datteln 12
    Bärlauch-Tomaten-Lasagne 55
    Bärlauch-Tomaten-Tarte 58
    Brioche-Brötchen 15
    Brotzeit-Aufstrich 19
    Bunte Couscous-Pfanne 53
    Bunter Salat mit Bärlauch-Vinaigrette 23
    Dreierlei Kräuter-Crostini 16
    Forelle in Bärlauch-Mandel-Hülle 46
    Gefüllte Putenröllchen 34
    Grüner Nudelsalat 24
    Hähnchenspread 12
    Kartoffelsalat mit Karamellgemüse und Speck 30
    Kräuter-Hähnchenbrust 39
    Kräuter-Zitronen-Öl 65
    Lachsnudeln in Gemüse-Kräuter-Rahm 48
    Lamm in Zitronensauce 34
    Mediterraner Rollbraten mit Käsepolenta 43
    Sauerampfer-Bärlauch-Püree 51
    Schweinefilets mit Champignon-Bärlauch-Kruste 45
    Sesamkartoffeln mit Curry-Möhren-Dip 56
    Spargelsalat mit Bärlauch 27
    Warenkunde 5
    Ziegenkäse-Kugeln 13
Brioche-Brötchen 15
Brotsalat mit Rucola, Pilzen und Tomaten 28
Brotzeit-Aufstrich 19
Brunnenkresse
    Bunter Salat mit Bärlauch-Vinaigrette 23
    Kartoffelsalat mit Karamellgemüse und Speck 30
    Rindersteaks mit Kresse-Hollandaise 37
    Spätzle-Weißwurst-Salat 24
    Spargelsalat mit Bärlauch 27
    Warenkunde 5
Bunte Couscous-Pfanne 53
Bunter Salat mit Bärlauch-Vinaigrette 23

C/D/E

Camembert: Bärlauch-Kresse-Obatzer 19
Champignons
    Brotsalat mit Rucola, Pilzen und Tomaten 28
    Schweinefilets mit Champignon-Bärlauch-Kruste 45
Cranberries: Cranberry-Kresse-Müsli 10
Crostini, Dreierlei Kräuter- 16
Dips
    Bärlauch-Guacamole 57
    Curry-Möhren-Dip 56
    Rucola-Kresse-Quark 57
Dreierlei Kräuter-Crostini 16
Erdbeer-Melonen-Salat 10

F

Feta: Bunte Couscous-Pfanne 53
Fischfilet mit Kräuter-Frischkäse-Kruste 46
Forelle in Bärlauch-Mandel-Hülle 46
Frischkäse
    Brotzeit-Aufstrich 19
    Fischfilet mit Kräuter-Frischkäse-Kruste 46
    Gefüllte Putenröllchen 34
    Ziegenkäse-Kugeln 13
Frittiertes Rucolapesto 64

G/H

Gartenkresse (Warenkunde) 5
Gefüllte Putenröllchen 34
Grüner Nudelsalat 24
Guacamole, Bärlauch- 57
Hackfleisch
    Bärlauch-Buletten 39
    Sauerampfersuppe 20
Hähnchen
    Hähnchenspread 12
    Kräuter-Hähnchenbrust 39
    Rucola-Kürbis-Pfanne mit Hähnchen 33

K

Kaninchen: Sauerampfer-Cidre-Kaninchen 40
Kapuzinerkresse (Warenkunde) 5

REGISTER

Kartoffeln
 Kartoffelsalat mit Karamellgemüse und Speck 30
 Sauerampfer-Bärlauch-Püree 51
 Sauerampfersuppe 20
 Sesamkartoffeln mit Curry-Möhren-Dip 56
Kräuter-Crostini, Dreierlei 16
Kräuter-Hähnchenbrust 39
Kräuter-Zitronen-Öl 65
Kresse
 Bärlauch-Kresse-Obatzter 19
 Cranberry-Kresse-Müsli 10
 Grüner Nudelsalat 24
 Kartoffelsalat mit Karamellgemüse und Speck 30
 Lachsnudeln in Gemüse-Kräuter-Rahm 48
 Rucola-Kresse-Quark 57
Kürbis: Rucola-Kürbis-Pfanne mit Hähnchen 33

L

Lachsnudeln in Gemüse-Kräuter-Rahm 48
Lamm in Zitronensauce 34
Löwenzahn
 Bunter Salat mit Bärlauch-Vinaigrette 23
 Löwenzahnsalat mit Nüssen und Salami 30
 Warenkunde 5
Löwenzahnsalat mit Nüssen und Salami 30

M/N

Mediterraner Rollbraten mit Käsepolenta 43
Melone: Erdbeer-Melonen-Salat 10
Mozzarella
 Bärlauch-Tomaten-Lasagne 55
 Bunter Salat mit Bärlauch-Vinaigrette 23
Nudelsalat, Grüner 24

P/Q

Paprikaschoten
 Bunte Couscous-Pfanne 53
 Bunter Salat mit Bärlauch-Vinaigrette 23
 Grüner Nudelsalat 24
 Ziegenkäse-Kugeln 13
Quark
 Bärlauch-Tomaten-Tarte 58
 Rucola-Kresse-Quark 57

R

Rhabarber-Rucola-Salat 27
Rindersteaks mit Kresse-Hollandaise 37
Rollbraten, Mediterraner mit Käsepolenta 43
Rucola
 Brotsalat mit Rucola, Pilzen und Tomaten 28
 Brotzeit-Aufstrich 19
 Dreierlei Kräuter-Crostini 16
 Frittiertes Rucolapesto 64
 Rhabarber-Rucola-Salat 27
 Rucola-Käse-Butter 65
 Rucola-Kresse-Quark 57
 Rucola-Kürbis-Pfanne mit Hähnchen 33
 Rucola-Parmesan-Nocken 13
 Tomatenfisch mit Rucolasahne 48
 Warenkunde 5
 Ziegenkäse-Kugeln 13
Rucola-Käse-Butter 65
Rucola-Kresse-Quark 57
Rucola-Kürbis-Pfanne mit Hähnchen 33
Rucola-Parmesan-Nocken 13

S

Salami: Löwenzahnsalat mit Nüssen und Salami 30
Sauerampfer
 Dreierlei Kräuter-Crostini 16
 Erdbeer-Melonen-Salat 10
 Fischfilet mit Kräuter-Frischkäse-Kruste 46
 Sauerampfer-Bärlauch-Püree 51
 Sauerampfer-Cidre-Kaninchen 40
 Sauerampfersuppe 20
 Warenkunde 5
Sauerampfer-Bärlauch-Püree 51
Sauerampfer-Cidre-Kaninchen 40
Schweinefilets mit Champignon-Bärlauch-Kruste 45
Sesamkartoffeln mit Curry-Möhren-Dip 56
Spätzle-Weißwurst-Salat 24
Spargel
 Bärlauch-Spargel-Risotto 53
 Spargelsalat mit Bärlauch 27

T

Tomaten
 Bärlauch-Tomaten-Lasagne 55
 Bärlauch-Tomaten-Tarte 58
 Brotsalat mit Rucola, Pilzen und Tomaten 28
 Dreierlei Kräuter-Crostini 16
 Mediterraner Rollbraten mit Käsepolenta 43
 Rindersteaks mit Kresse-Hollandaise 37
 Rucola-Kürbis-Pfanne mit Hähnchen 33
 Spargelsalat mit Bärlauch 27
 Tomatenfisch mit Rucolasahne 48
 Ziegenkäse-Kugeln 13
Tomatenfisch mit Rucolasahne 48

Z

Ziegenkäse: Rhabarber-Rucola-Salat 27
Ziegenkäse-Kugeln 13

IMPRESSUM

Unsere Garantie

Alle Informationen in diesem Ratgeber sind sorgfältig und gewissenhaft geprüft. Sollte dennoch einmal ein Fehler enthalten sein, schicken Sie uns das Buch mit dem entsprechenden Hinweis an unseren Leserservice zurück. Wir tauschen Ihnen den GU-Ratgeber gegen einen anderen zum gleichen oder ähnlichen Thema um.

Liebe Leserin und lieber Leser,

wir freuen uns, dass Sie sich für ein GU-Buch entschieden haben. Mit Ihrem Kauf setzen Sie auf die Qualität, Kompetenz und Aktualität unserer Ratgeber. Dafür sagen wir Danke! Wir wollen als führender Ratgeberverlag noch besser werden. Daher ist uns Ihre Meinung wichtig. Bitte senden Sie uns Ihre Anregungen, Ihre Kritik oder Ihr Lob zu unseren Büchern. Haben Sie Fragen oder benötigen Sie weiteren Rat zum Thema? Wir freuen uns auf Ihre Nachricht!

Wir sind für Sie da!
Montag – Donnerstag: 8.00 – 18.00 Uhr;
Freitag: 8.00 – 16.00 Uhr *(0,14 €/Min. aus dem dt. Festnetz/Mobilfunkpreise können abweichen.)
Tel.: 0180-5 00 50 54*
Fax: 0180-5 01 20 54*
E-Mail:
leserservice@graefe-und-unzer.de

P.S.: Wollen Sie noch mehr Aktuelles von GU wissen, dann abonnieren Sie doch unseren kostenlosen GU-Online-Newsletter und/oder unsere kostenlosen Kundenmagazine.

GRÄFE UND UNZER VERLAG
Leserservice
Postfach 86 03 13
81630 München

© 2008
GRÄFE UND UNZER VERLAG GmbH, München

Alle Rechte vorbehalten. Nachdruck, auch auszugsweise, sowie die Verbreitung durch Film, Funk, Fernsehen und Internet, durch fotomechanische Wiedergabe, Tonträger und Datenverarbeitungssysteme jeglicher Art nur mit schriftlicher Genehmigung des Verlages.

Programmleitung: Doris Birk
Leitende Redakteurin:
Birgit Rademacker
Redaktion: Tanja Dusy
Lektorat: Dagmar Reichel
Layout, Typografie und Umschlaggestaltung: independent Medien-Design, München
Satz: Liebl Satz+Grafik, Emmering
Herstellung: Martina Müller
Reproduktion:
Repro Ludwig, Zell am See
Druck: Firmengruppe APPL, aprinta druck, Wemding
Bindung: Firmengruppe APPL, sellier druck, Freising

ISBN 978-3-8338-0325-3

3. Auflage 2008

Ein Unternehmen der
GANSKE VERLAGSGRUPPE

Die Autorin

Regina Freygang ist leidenschaftliche Köchin und arbeitet als Foodredakteurin in einem Verlag. Zur Entspannung fährt sie gern aufs Land und sammelt dort nach Herzenslust alles, was in Wald und Wiese grünt und blüht. So hat sie auch Bärlauch, Löwenzahn und Co. für ihre Küche entdeckt – was liegt da näher als all ihre Lieblingsrezepte in ein Kochbuch zu packen?

Die Fotografin

Maike Jessen ist seit 1997 als selbstständige Fotografin in Hamburg tätig. Neben ihrem Schwerpunkt, der Foodfotografie, arbeitet sie auch im Stillife- und Peoplebereich für Zeitschriften, Buchverlage und Werbeagenturen. Unterstützt wird sie von Nicole Müller-Reymann (Foodstylistin), Heidi Fröhlich (Fotoassistentin) und Dörthe Schenk (Stylistin Requisite).

Bildnachweis

Titelfoto: Jörn Rynio, Hamburg; alle anderen: Maike Jessen, Hamburg

Titelbildrezept

Ziegenkäse-Kugeln, Seite 13

Die Temperaturangaben bei Gasherden variieren von Hersteller zu Hersteller. Welche Stufe Ihres Herdes der jeweils angegebenen Temperatur entspricht, entnehmen Sie bitte der Gebrauchsanweisung. Bei Elektroherden können die Backzeiten je nach Herd variieren.

Kochlust pur

Preis je Band: 7,50 €

Die neuen KüchenRatgeber – da steckt mehr drin

Gemüseküche
ISBN 978-3-8338-0993-4
64 Seiten

Spargel
ISBN 978-3-8338-0328-4
64 Seiten

Salate
ISBN 978-3-8338-0326-0
64 Seiten

Italienische Blitzküche
ISBN 978-3-8338-0309-3
64 Seiten

Saucen
ISBN 978-3-8338-0327-7
64 Seiten

Raffiniert würzen
ISBN 978-3-8338-0322-2
64 Seiten

Änderungen und Irrtum vorbehalten

Das macht sie so besonders:
- Neue mmmh-Rezepte – unsere beste Auswahl für Sie
- Praktische Klappen – alle Infos auf einen Blick
- Die 10 GU-Erfolgstipps – so gelingt es garantiert

Willkommen im Leben.

powered by GU

Einfach göttlich kochen und himmlisch speisen?

Die passenden Rezepte, Küchentipps und -tricks

in Wort und Film finden Sie ganz einfach unter:

www.küchengötter.de

Feines mit Kräutern – **Pesto, Senf & Co.**

Bärlauchpesto 50 g Pinienkerne in einer Pfanne ohne Fett goldbraun rösten und abkühlen lassen. 100 g Bärlauch waschen, trocknen und grob hacken. Beides im Mixer fein pürieren. Nach und nach 150 ml Olivenöl zugeben. 50 g frisch geriebenen Parmesan unterrühren und mit Salz und Pfeffer würzen. Passt zu Nudeln, Kurzgebratenem, gegrilltem Gemüse oder als Aufstrich für Crostini.

Frittiertes Rucolapesto 150 g Rucola verlesen, waschen und gut trockentupfen. Rucola in heißem Öl portionsweise je ca. 15 Sekunden frittieren und auf Küchenpapier abtropfen lassen. 70 g Pinienkerne hacken und in einer Pfanne rösten. 1–2 Knoblauchzehen schälen, mit Pinienkernen und Rucola pürieren, langsam 100–150 ml Olivenöl zugießen. 2–3 EL geriebenen Parmesan unterheben und mit Salz und Pfeffer würzen.

Bärlauch-Apfel-Senf 100 g gelbes Senfpulver mit 2 TL Salz mischen. Mit je 100 ml Apfelessig und trockenem Cidre, Weißwein oder Apfelsaft zu einer Paste verrühren. Über Nacht quellen lassen. 100 g Bärlauch waschen, trocknen, grob hacken und pürieren. Bärlauchpüree unter die Senfmasse rühren. Schmeckt zu Würstchen und Frikadellen und gibt Salatsoßen und Ragouts Geschmack. Oder: mit etwas Öl verrührt zum Marinieren von Steaks und Schweinebraten.